Die 1-Euro-Küche für Genießer

Bildnachweis:
Caspar Carlott/StockFood: Cover, S. 89
Peter Barci: Alle restlichen Rezeptbilder
iStockphoto.com: S. 9, 10, 18, 49, 66, 67, 71, 75, 91, 98
dreamstime.com: S. 70, 79, 84, 87, 114, 115
Beigestellt: Autorenporträt Umschlag hinten

Das Literaturverzeichnis ist bei der Autorin erhältlich.

ISBN 978-3-7088-0539-9

A-1010 Wien, Lobkowitzplatz 1
www.kneippverlag.com
Autorin: Mag. Dr. Heide Steigenberger
Lektorat: Mag. Eva Manhardt, Mag. Franz Ebner
Korrektorat: Mag. Franz Ebner
Umschlaggestaltung: Silvia Wahrstätter, www.vielseitig.at
Grafik: Mag. Christine Dobretsberger, www.lineaart.at
Druck: Theiss GmbH, A-9431 St. Stefan
Printed in Austria

1. Auflage, September 2011

Heide Steigenberger

Die 1-Euro-Küche für Genießer

Frisch gekocht muss nicht teuer sein

kneipp verlag
WIEN

Vorwort

Um der täglichen Herausforderung gerecht zu werden, ein gesundes, schnelles und preiswertes Gericht auf den Tisch zu zaubern, greife ich gerne auf die Lieblingsspeisen meiner Kindheit zurück: leichte Gemüsesoßen und -eintöpfe, je nach Saison, Äpfel im Schlafrock, Aufläufe etc. Andererseits kombiniere ich gerne Gemüse, Eiweiß und hochwertige Kohlenhydrate nach ernährungsphysiologischen Gesichtspunkten immer wieder neu. Es macht mich stolz und glücklich, dass es meinen Lieben schmeckt.

Für Johannes, Leonie, Amelie und Tiffanie

Einleitung

Dieses Kochbuch richtet sich zum einen an sparsame Menschen, die trotz Geldknappheit auf eine frische Vitalküche nicht verzichten möchten, und zum anderen auch an jene Menschen, die aus Zeitknappheit rasch einfache Gerichte zaubern möchten. Diesen Anspruch erfüllen alle Rezepte in diesem Buch.

Kostengünstig wird der tägliche Speiseplan durch
- gute, vorausschauende Planung
- Verwendung von saisonalem Gemüse und
- gute Resteverwertung

Berücksichtigt man das saisonale Gemüse, gelingt es sehr einfach, kostengünstig und gesund zu kochen. Werden nun das saisonale Gemüse, **Kohlenhydrate** und **Eiweiß** schlau miteinander kombiniert, ergeben sich beste Kreationen, voller Vitalität und Leichtigkeit, die trotzdem Sattwerden garantieren.

Dieses Buch enthält neben einem **Saisonkalender für Gemüse** (in übersichtlicher, tabellarischer Form, nach Monaten geordnet) auch wertvolle **Tipps zum Wirtschaften** (Achten auf Sonderangebote, Vorratshaltung, Tiefkühlen, vorausschauende Speisenplanung etc.), zur Verwendung von hochwertigen **Basics** der Küche (Suppenwürze, Öle etc.) sowie zur **Resteverwertung** (Eintöpfe, Aufläufe, Quiches, Omeletts, Salate, Suppen, Kartoffelpfannen).

Hinweise zur Verwendung von Kräutern runden den Informationsteil ab. Bei vielen Rezepten werden Variationsmöglichkeiten vorgeschlagen, die ein und dasselbe Rezept durch geringe Änderungen wieder anders schmecken lassen.

Was wurde früher gegessen?

Am Sonntag gab es Braten, die Reste davon an den Folgetagen, außerdem viel Gemüse, Kartoffeln, vieles aus dem eigenen Garten bzw. vom Balkon.

Weggeworfen wurde nichts, sondern die Reste wurden gut verwertet: von der Brotsuppe angefangen bis zum Tiroler Gröstl, von der pürierten Gemüsesuppe bis zum Eintopf.

Dieses Know-how an Haushaltsführung ist in den letzten Jahrzehnten weitgehend verloren gegangen. Die letzte Wirtschaftskrise, die Preiserhöhungen bei Grundnahrungsmitteln und Ähnliches zwingen uns jetzt im 21. Jahrhundert zum Umdenken.

Der Wochen-Speiseplan

Ein Speiseplan für eine Woche bringt Klarheit und hilft, Zeit und Geld zu sparen. Es sollten dabei die saisonalen Angebote sowie die aktuellen Sonderangebote beachtet werden. Durch die Vorausplanung kann bestens auf ausgewogene Ernährung geachtet werden: Gemüse, Obst, Fisch, Fleisch, Kohlenhydrate.

Eine Einteilung nach den Wochentagen bringt außerdem Abwechslung:

Freitag: Fisch
Samstag: Auflauf oder Süßspeise
Sonntag: Fleisch
Montag: „Reste-Essen" (vom Sonntagsmenü bzw. dem übriggebliebenen Wochenendeinkauf)

Somit bleiben **Dienstag**, **Mittwoch** und **Donnerstag** für Gemüse mit Kohlenhydraten, wie z.B. Teigwaren, Reis oder Kartoffeln.

Eine andere Variante des Einkaufs für mehrere Tage im Voraus ist, dass Sie Obst, Gemüse und Fleisch (z.B: Huhn, Pute und Faschiertes/Hackfleisch) einkaufen (bitte auf die Frische bzw. das Ablaufdatum achten!), den Kühlschrank damit füllen und innerhalb der nächsten Tage aus diesen Lebensmitteln Gerichte zubereiten. Diese Vorgangsweise erfordert natürlich ein breites Wissen an Kochrezepten und großes Vorstellungsvermögen, welche Zutaten verwendet werden können. Es birgt aber zugleich auch die Chance, Neues auszuprobieren.

Tipps zum Einkaufen

1. Gemüse, Kräuter und Obst:

- aus dem eigenen Garten, vom Markt, vom Bauern oder aus dem Supermarkt
- nach Saison kaufen

2. Kohlenhydrate:

- Kartoffeln: siehe Obst und Gemüse

Tipps zur Vorratshaltung

- Suppenwürze gut aussuchen. (Auf Hefe(extrakt), Glutamat und sonstige Geschmacksverstärker verzichten!)
- Aus dem Reformhaus bzw. Drogeriemärkten: Dinkelteigwaren, Reis, Bohnen, Linsen, Mais, Pesto, Reis- und Maiswaffeln, „gesunde" Kekse, Dinkelbiskotten in größeren Mengen einmal im Monat einkaufen.
- Durch diese Vorratshaltung kaufen Sie nur mehr frische Milchprodukte, Obst und Gemüse.
- In regelmäßigen Abständen alle Vorräte im Kühlschrank und in der Vorratskammer aufbrauchen, bevor sie verderben. Bei großer Vorratshaltung kommen Sie ein bis zwei Wochen ohne großen Einkauf über die Runden.
- Die Grundnahrungsmittel sorgfältig auswählen, z.B. Brot.
- Den Bedarf an höherwertigen Kohlenhydraten können Sie mit Dinkelpasta im Vorrat abdecken (meist in Drogerien oder Reformläden zu bekommen). Achten Sie hierbei auch auf Angebote!
- Kartoffeln je nach Lagerungsmöglichkeiten entweder auf Vorrat einlagern oder stets frisch kaufen. Keine Kartoffeln mit grünen Stellen essen – diese sind giftig!

- Teigwaren aus Dinkelmehl, Reis, Hirse, Quinoa, Amaranth, Maisgrieß und dergleichen lassen sich prima auf Vorrat kaufen. Dadurch kann auf Sonderangebote geachtet werden.

3. Eiweiß:
- Fleisch und Schinken
- Fisch
- nicht zu vergessen: einfach ein Ei!

Fleisch und Fisch muss nicht teuer sein, wenn im Voraus geplant wird. Durch den Einkauf von Fleisch im Sonderangebot und anschließendes Einfrieren (portionsweise) sowie den Einkauf von Tiefkühlprodukten (insbesondere Fisch) bei Sonderangeboten kann der Preis der jeweiligen Speise deutlich reduziert werden. Aber bitte nie Hackfleisch auf Vorrat kaufen, durch die große Oberfläche verdirbt es leicht. Hackfleisch immer nur frisch verwenden, d.h. an dem Tag, an dem es durch den Fleischwolf gedreht wurde.

4. Milchprodukte:
Kaufen Sie ein großes Stück besonders würzigen Käse (Parmesan, Pecorino, alter Gouda oder Bergkäse) und reiben Sie ihn besonders fein. Dadurch bereiten bereits kleine Mengen großen Genuss!

5. Basics:
Immer vorrätig sollten Sie haben:
- gut ausgewählte Suppenwürze (am besten hefefrei, frei von Glutamat und sonstigen Geschmacksverstärkern)
- Dinkelteigwaren (und andere Kohlenhydrate, siehe oben), Dinkelmehl, Eier, Milch, Sauerrahm (saure Sahne), Topfen (Quark), Vanillejoghurt, Kräuter (tiefgefroren), Rapsöl, Olivenöl, Senf

Spartipps

- Preisvergleiche in den Supermärkten
- Sonderangebote nutzen, Tiefkühlvorräte (insbesondere Fleisch) anlegen
- Saisonbedingt günstiges Einkaufen auf Bauernmärkten oder direkt beim Bauern
- Erdbeeren von Erdbeerfeldern selbst pflücken
- Wer sich auskennt, kann Heidelbeeren und Pilze im Rahmen eines Waldspaziergangs sammeln.
- Auf Obstbäume achten, die von niemandem abgeerntet werden (einfach fragen!)
- Wocheneinkäufe erledigen – das spart Zeit und Geld. (Was man nicht zuhause hat, gibt es nicht, sondern kommt auf die Einkaufsliste für die folgende Woche.)
- Resteverwertung

Gemüse

Frisches Gemüse schmeckt besser als tiefgekühltes. Und das Putzen ist längst nicht so viel Arbeit, wie viele meinen, denn: Auf das „Gewusst-wie" kommt es an!

Erstens: Übung macht den Meister! Wenn Sie oft Karotten schälen und einmal ein paar Euro in einen guten Schäler investieren, merken Sie, wie schnell das geht.

Zweitens: Das Gemüse wird folgendermaßen geschnitten: Längliches Gemüse, wie Karotten, Pastinaken, Fisolen (grüne Bohnen) etc. wird geputzt, eng nebeneinander gelegt und in einem Durchgang geschnitten. Brokkoli zerfällt so gut wie von selbst, wenn er gekocht ist, also einfach den Brokkoli über den Topf halten und mit einem Messer ruck, zuck die Röschen abschneiden. Mit Karfiol (Blumenkohl) kann ebenso verfahren werden. Für eine Suppe, die püriert wird, genügen grundsätzlich grobe Stücke.

Gemüse sollte **kühl** gelagert werden. In vielen Kühlschränken gibt es ein eigenes Gemüsefach; ist es nicht vorhanden oder zu klein für den großen Gemüseeinkauf, so können Äpfel, Birnen, Pfirsiche, Nektarinen, Zucchini, Melonen, Mango und Gurken bei Zimmertemperatur (aber ohne Sonneneinstrahlung!) einige Tage gelagert werden. Karotten möglichst oben im Kühlschrank lagern (wo es nicht so kalt ist), Brokkoli und Salat ebenfalls.

Kräuter

Nicht nur aus Gründen der Sparsamkeit wird ein eigener Gemüse- und Kräutergarten angelegt, sondern es gilt heutzutage auch wieder als chic, sein Gemüse und seine Kräuter selbst zu ziehen. Kräuter können in Töpfen auf jedem Balkon oder auf der Fensterbank angepflanzt werden.

Verwendung von Kräutern:

1. Immer erst im letzten Moment zupfen.
2. Frische Kräuter mit kaltem Wasser besprühen.
3. Die Kräuter erst kurz vor der Verwendung mit scharfen Werkzeugen (Messer oder Wiegemesser) schneiden; bei stumpfen Messern geht zu viel Kräutersaft verloren.
4. Ganz am Schluss sollten folgende Kräuter zur Speise gegeben werden: Petersilie, Kerbel und Basilikum.
5. Der Geschmack von getrockneten Kräutern kann durch Verreiben der Kräuter zwischen den Handflächen intensiviert werden.

Kräuter

Kräuter	Verwendung
Basilikum	• Klassisch zu Tomaten und Mozzarella („Caprese") • Für Pasta- und Fischgerichte • Grundbestandteil von grünem Pesto • Wird zum Schluss frisch dazugegeben und gezupft statt geschnitten.
Dillkraut	• Zum Marinieren bzw. Beizen von Fisch • Zum Garnieren von kalten Fischgerichten • Für Saucen (klassisch mit Senf) • Für Schaum- und Fischsuppen • Für Gurkensalat und eingelegte Gurken • Für eingemachte Kartoffeln • Verwendet werden nur die Spitzen.
Estragon	• Klassische Zutat im Senf • Für Kräutermischungen (z.B. in den „Herbes de Provence"), Kräuterbutter • Für Dressings und Marinaden • In kalten und warmen Saucen (klassisch in der Sauce béarnaise) • Für Geflügel- und Pilzgerichte • Sollte grundsätzlich nur frisch verwendet werden.
Kerbel	• Für Schaumsuppen • In feinen Saucen • Für Kräutermischungen (z. B. in den Fines Herbes) • Nicht mitkochen, sondern frisch am Schluss beifügen.
Koriander	• Großer geschmacklicher Unterschied zwischen frischem Kraut und getrockneten Samen • Zum Würzen (frisch) von asiatischen und mexikanischen Gerichten • Bestandteil des Currypulvers (Samen) • Für Salate, Fisch, Fleisch, Eintopfgerichte • Für Lebkuchen (Samen)
Kresse	• Daikonkresse: scharfer, rettichähnlicher Geschmack • Kapuzinerkresse: geschätzt wegen ihrer farbenprächtigen, essbaren Blüten • Zuchtkresse: zum Bestreuen von Salaten, für gebundene Suppen und Saucen
Liebstöckel	• Hat den typischen „Maggi-Geschmack". • Für Suppen und Eintöpfe (Kraut mitkochen) • Passt gut zu Käse und Kartoffeln.

Kräuter

Kräuter	Verwendung
Lorbeerblätter	• Blätter werden grundsätzlich mitgekocht. • Für braune Saucen • Dünstgerichte von Rind, Lamm und Wild • Für Eingelegtes und Kräuteressig • Passen auch gut zu Fisch.
Majoran	• Für Majorankartoffeln, Kartoffelsuppe, Kartoffelgulasch, Hülsenfrüchtegerichte • Für Faschiertes (Hackfleisch) • Zu gerösteter Leber und gerösteten Nieren • Getrockneter Majoran entfaltet sein volles Aroma, wenn er zwischen den Handflächen zerrieben wird.
Minze	• Für Saucen • In Lammgerichten und vielen orientalischen Speisen • Für Bowlen, Eistees, Cocktails und Süßspeisen
Oregano	• Getrocknet für Pizza, Pasta und Grillgerichte • Für Gewürzmischungen • Passt gut zu Schafskäse. • Schmeckt getrocknet intensiver als frisch.
Petersilie	• Für Kartoffeln, Fisch, Fleisch • Für klare Suppen • Für die Kräuterbutter • Auf Salate • Petersilie sollte nicht mit Speisen mitgekocht werden.
Rosmarin	• Für Fisch, Braten, Dünstgerichte • Passt gut zu Käse. • Sparsam verwenden; schmeckt getrocknet intensiver als frisch. • Frischer Rosmarin wird mit Stängeln beigegeben und zum Schluss entfernt.
Salbei	• Für Ravioli, Nudeln und Gnocchi • Für Fisch, Geflügel und Fleischgerichte (Saltimbocca) • Frisch geerntete Blätter lassen sich gut einfrieren!
Schnittlauch	• Wird grundsätzlich frisch geschnitten verwendet. • Zum Bestreuen von Suppen, Salaten, Eiergerichten • In Dips, Aufstrichen, kalten und warmen Saucen
Thymian	• Für Dünstgerichte und Eintöpfe (frische Zweige mitkochen) • Ist getrocknet intensiver als frisch
Zitronenmelisse	• Für Salate, Saucen, Fisch- und Fleischgerichte • Für Mixgetränke

Wildkräuter

Wildkräuter	Verwendung
Bärlauch	• Für Schaumsuppen • Für Fischsaucen, Ravioli, Risotto, Pastagerichte, Aufstriche • Für Bärlauchpesto
Brennessel	• Junge Brennnesselblätter können wie Spinat verarbeitet werden. • Für Cremesuppen, Saucen • Raviolifüllung in Kombination mit Ricotta und Parmesan • Für Gnocchi
Brunnenkresse	• Für Schaumsuppen, Fischsauce • Als Beigabe zu Grillgerichten • Für Salate und Aufstriche
Löwenzahn	• Die jungen Blätter als Salat, auch gemischt mit anderen Blattsalaten oder Kartoffelsalat • Für Sirup
Sauerampfer	• Für Schaumsuppen und in Salaten • In feine Streifen geschnitten zu Fisch
Waldmeister	• Für Bowlen, Eiscremen usw. • Für Wildgerichte und Saucen

Eintöpfe und Aufläufe

Selbst wenn die Vorratskammer leer erscheint, lässt sich fast immer noch ein leckerer Eintopf zaubern. Einige Kartoffeln vom Vortag, ein paar Karotten, ein bisschen Reis, eine Zucchini, der übriggebliebene Frühstücksschinken, eine Handvoll tiefgekühlte Erbsen, Bohnen oder Linsen. Mit etwas Fantasie ergeben die einfachsten Zutaten ein leckeres und sättigendes Gericht.

Ein Eintopf besteht auf jeden Fall aus Wasser, Suppenwürze und verschiedenem Gemüse. Hinzugefügt werden können Stücke vom Speck, Fleisch, Wurst oder Fisch. Je nach Einlage werden unterschiedliche Kräuter und Gewürze verwendet.

Auf die Zutaten kommt es an!

Die Reihenfolge ist wichtig: Langsam garendes Gemüse, wie z.B. Karotten, Rüben etc., kommt zuerst in den Topf, schnell garendes, wie Zucchini oder Champignons, kommt am Schluss dazu. Das Gemüse wird entweder kurz in Olivenöl angebraten oder direkt in die kochende Suppe gegeben.

Vorsicht bei Hülsenfrüchten!

Hülsenfrüchte dürfen immer erst nach dem Garen gesalzen werden, da sich das Kalzium der Erbsen,

Linsen oder Bohnen sonst außen an den Hülsenfrüchten ablagert und sie nicht gar werden.

Eintöpfe, Quiches oder Aufläufe können gut vorbereitet und eine halbe Stunde vor der Essenszeit in den Ofen geschoben werden.

Eine Quiche oder ein Auflauf ist ebenso wie ein Eintopf sehr gut zur Resteverwertung geeignet: Bei einer Quiche werden auf den Mürbteig Gemüsestücke (vorher bissfest kochen) gelegt, mit einem Eier-Milch-Käse-Gemisch übergossen und im Backrohr fertig gebacken. In einem Reisauflauf kann man z.B. den Reis vom Vortag verwerten. Gefüllt mit frischen Äpfeln und mit Zimt bestreut wird dies zu einer leckeren Süßspeise. Oder es wird in einem Auflauf altbackenes Brot „versteckt“, so z.B. beim Semmel- oder Brotauflauf.

Resteverwertung

Die ökonomische Verwertung von Resten ist von enormer Bedeutung. Denken Sie bitte nicht, dass Reste nur in sparsamen Einzelhaushalten verwertet werden. Im Gegenteil: Ein Spitzenkoch zeichnet sich dadurch aus, dass er nichts wegwirft, was Verwendung finden kann!

Voraussetzung ist natürlich, dass es sich zwar um Reste handelt, allerdings diese Nahrungsmittel noch immer **von guter Qualität** sind. Verdorbenes darf unter keinen Umständen verwendet werden!

Niemand möchte in der Küche der Reste-Esser sein, abgesehen davon, dass solch ein Essverhalten meist zum Dickwerden führt. Aber Essen in den Müll werfen, obwohl das Kochen nicht nur mit Kosten, sondern auch mit Arbeit verbunden ist? Nein, auf gar keinen Fall! Alles aufheben und verwerten, so lautet die Devise!

Wichtig ist, dass die Speisen sofort nach dem Essen in den Kühlschrank gegeben oder tiefgefroren werden. Die einfachste Möglichkeit ist, das übriggebliebene Mittagessen in den Kühlschrank zu geben (bitte nicht ungekühlt im Topf herumstehen lassen!), zum Abendessen anzubieten und, falls es immer noch Reste gibt, diese dann einzufrieren.

Resteverwertung

- In Omeletts
- In Aufläufen
- In gemischten Salaten
- In Suppen
- Kartoffelknödel
- Kartoffelpfannen

Einfrieren:
Es empfiehlt sich, Speisen zur späteren Verwendung portionsweise einzufrieren. Bitte leserlich beschriften, mit Datum versehen und innerhalb von 6 Monaten verzehren. Mit diesen Essensportionen hat man immer schnell etwas zur Hand. Einfach über Nacht im Kühlschrank auftauen oder, wenn es schnell gehen muss, im Wasserbad oder im Dampfgarer. (Fleischgerichte nie über Nacht, sondern schnell am Herd auftauen.)

Resteverwertung

Übriggebliebenes	Verwendung
Gekochte Kartoffeln	**Kartoffelpuffer oder Gemüselaibchen:** Die Kartoffeln schälen und reiben. Für Kartoffelpuffer werden nur die Kartoffeln mit etwas Dinkelmehl und einem Ei vermischt, für Gemüselaibchen werden zusätzlich noch z.B. geriebene Karotten und/oder geriebene Zucchini hinzugefügt. **Kartoffel-Pfanne:** Kartoffeln schälen und klein schneiden, zusammen mit klein geschnittenem Schinken in heißem Olivenöl anbraten, mit Basilikum und 3 EL Sauerrahm (saurer Sahne) abschmecken. Eventuell salzen und pfeffern.
Gekochter Reis	Portionsweise zur späteren Verwendung einfrieren. **Milchreis:** Vanillepudding nach Packungsanleitung kochen und den fertig gekochten Reis unterheben. Schmeckt mit allen Reissorten lecker! **Reisauflauf:** Siehe Rezept Seite 109. Dieses Gericht schmeckt auch mit anderen Reissorten als Rundkornreis lecker!
Gekochte Teigwaren	**Nudelsalat:** Rezept siehe Seite 44. Portionsweise einfrieren.
Fleischreste	**Kartoffel-Fleisch-Pfanne, Reisfleisch etc.:** einfach die Reste klein schneiden, in heißem Olivenöl kurz anbraten und mit Reis oder gekochten Kartoffeln sowie mit Gemüse kurz braten. Mit einem halben Becher Sauerrahm (saurer Sahne) und Kräutern abschmecken. **Fleischknödel:** siehe unten bei Wurstknödel
Wurstreste	Alles zusammen klein schneiden und als Grundlage für eine Kartoffelpfanne oder Reisfleisch nehmen. **Wurstknödel:** Die Wurstreste kurz in heißem Olivenöl anbraten, klein gehackte Petersilie dazugeben. Aus Kartoffelteig 10 cm große Quadrate formen, Wurstfülle in die Mitte setzen, Knödel formen und in kochendem Salzwasser so lange kochen, bis die Knödel oben schwimmen.
Etwas pürierte Gemüsesuppe	Als Grundlage für die Gemüsesuppe am nächsten Tag nehmen oder zur späteren Verwendung einfrieren.
Verschiedene Gemüsereste	**Gemüsesuppe:** Gemüse putzen, in grobe Stücke schneiden, mit Wasser bedeckt gemeinsam mit Suppenwürze weich kochen, mit Pürierstab pürieren.
Übriggebliebene Sauce	Als Grundlage für dieselbe Sauce oder als fertige Speise einfrieren.
Brot	Brotreste werden bei Fleischlaibchen, Cevapcici oder Hackfleischbraten benötigt oder können für Brotsuppe verwendet werden (siehe bei den Rezepten). Brot kann sehr gut auf Vorrat gekauft und tiefgefroren werden. Über Nacht im Plastikbeutel auftauen lassen oder, wenn es schnell gehen muss, in der Mikrowelle oder im Dampfgarer mit Hilfe der Auftaufunktion.

Gemüsekalender

Was ist wann reif? Es ist nicht nur eine Frage des Geschmacks, sondern auch des Preises! Das heimische Gemüse ist zur Zeit der Ernte wesentlich billiger als importiertes Gemüse im Winter. Kaufen Sie nach dem nachstehenden Gemüsekalender ein, Ihre Geldbörse wird es Ihnen danken!

Monat	Reifes Gemüse
Jänner und Februar (heimische Lagerware)	Chinakohl, Erdäpfel, Karotten, Knoblauch, Kohl, Kren, Weiß- und Rotkraut, Kürbis, Maroni, Pastinaken, Petersilienwurzeln, Lauch, Rote Rüben (Rote Beete), Gelbe Rüben, Schwarzwurzeln, Knollensellerie, Steckrübe, Topinambur, Zwiebeln
Jänner und Februar (heimische Frischware)	Kohlsprossen (Rosenkohl), Lauch
März (heimische Lagerware)	Karotten, Knoblauch, Kohl, Kren (Meerrettich), Weiß- und Rotkraut, Kürbis, Pastinaken, Petersilienwurzeln, Lauch, Rote Rüben (Rote Beete), Gelbe Rüben, Knollensellerie, Steckrübe, Zwiebeln
April (heimische Lagerware)	Karotten, Knoblauch, Kren (Meerrettich), Rotkraut, Pastinaken, Petersilienwurzeln, Lauch, Rote Rüben (Rote Beete), Gelbe Rüben, Knollensellerie, Zwiebeln
April (heimische Frischware)	Jungzwiebeln, Weißkraut, Mangold, grüner Paprika, Radieschen, Rhabarber, Spargel, Spinat
Mai (heimische Lagerware)	Karotten, Knoblauch, Kren (Meerrettich), Petersilienwurzeln, Rote Rüben (Rote Beete), Gelbe Rüben, Knollensellerie
Mai (heimische Frischware)	Jungzwiebeln, Karfiol (Blumenkohl), Karotten, Kohlrabi, Weißkraut, Mangold, grüner Paprika, Radicchio, Radieschen, Rettich, Rhabarber, Stangensellerie, Spargel, Spinat, Zwiebeln
Juni (heimische Lagerware)	Knoblauch, Kren (Meerrettich), Rote Rüben (Rote Beete), Gelbe Rüben, Knollensellerie
Juni (heimische Frischware)	Brokkoli, Erbsen, Kartoffeln, Fenchel, Fisolen (grüne Bohnen), Gurken, Frühlingszwiebeln, Karfiol (Blumenkohl), Kohl, Kohlrabi, Weißkraut, Rotkraut, Mangold, grüner Paprika, Tomaten, Lauch, Radicchio, Radieschen, Rettich, Rhabarber, Stangensellerie, Spargel, Spinat, Zucchini, Zwiebeln
Juli (heimische Frischware)	Brokkoli, Erbsen, Kartoffeln, Fenchel, Fisolen (grüne Bohnen), Gurken, Frühlingszwiebeln, Karfiol (Blumenkohl), Karotten, Knoblauch, Kohl, Kohlrabi, Weißkraut, Rotkraut, Mangold, Mais, Melanzani (Auberginen), grüner, gelber und roter Paprika, Tomaten, Lauch, Radicchio, Radieschen, Rettich, Rote Rüben (Rote Beete), Gelbe Rüben, Knollensellerie, Stangensellerie, Spinat, Zucchini, Zwiebeln
Juli (heimische Lagerware)	Kren (Meerrettich)

Monat	Reifes Gemüse
August (heimische Frischware)	Brokkoli, Chinakohl, Erbsen, Kartoffeln, Fenchel, Fisolen (grüne Bohnen), Gurken, Frühlingszwiebeln, Karfiol (Blumenkohl), Karotten, Knoblauch, Kohl, Kohlrabi, Weißkraut, Rotkraut, Kürbis, Mangold, Mais, Melanzani (Auberginen), grüner, gelber und roter Paprika, Tomaten, Lauch, Radicchio, Radieschen, Rettich, Rote Rüben (Rote Beete), Gelbe Rüben, Knollensellerie, Stangensellerie, Spinat, Topinambur, Zucchini, Zwiebeln
August (heimische Lagerware)	Kren (Meerrettich)
September (heimische Frischware)	Bohnen, Brokkoli, Chinakohl, Kartoffeln, Fenchel, Fisolen (grüne Bohnen), Gurken, Frühlingszwiebeln, Karfiol (Blumenkohl), Karotten, Knoblauch, Kohl, Kohlrabi, Weißkraut, Rotkraut, Kohlsprossen (Rosenkohl), Kürbis, Mangold, Mais, Melanzani (Auberginen), Pastinaken, Petersilienwurzeln, grüner, gelber und roter Paprika, Tomaten, Lauch, Radicchio, Radieschen, Rettich, Rote Rüben (Rote Beete), Gelbe Rüben, Knollensellerie, Stangensellerie, Spinat, Topinambur, Zucchini, Zwiebeln
September (heimische Lagerware)	Knoblauch, Kren (Meerrettich)
Oktober (heimische Frischware)	Bohnen, Brokkoli, Chinakohl, Kartoffeln, Fenchel, Frühlingszwiebeln, Karfiol (Blumenkohl), Karotten, Knoblauch, Kohl, Kohlrabi, Weißkraut, Rotkraut, Kohlsprossen (Rosenkohl), Kren (Meerrettich), Kürbis, Mangold, Mais, Maroni, Melanzani (Auberginen), Pastinaken, Petersilienwurzeln, grüner, gelber und roter Paprika, Tomaten, Lauch, Radicchio, Radieschen, Rettich, Rote Rüben (rote Beete), Gelbe Rüben, Knollensellerie, Schwarzwurzeln, Steckrübe, Stangensellerie, Spinat, Topinambur, Zucchini
Oktober (heimische Lagerware)	Knoblauch, Zwiebeln
November (heimische Frischware)	Bohnen, Kohlsprossen (Rosenkohl), Kren (Meerrettich), Mangold, Maroni, gelber und roter Paprika, Lauch, Radicchio, Rettich, Schwarzwurzeln, Steckrübe, Spinat, Zucchini
November (heimische Lagerware)	Chinakohl, Kartoffeln, Karfiol (Blumenkohl), Knoblauch, Kohl, Weiß- und Rotkraut, Kürbis, Pastinaken, Petersilienwurzeln, Rote Rüben (Rote Beete), Gelbe Rüben, Knollensellerie, Topinambur, Zwiebeln
Dezember (heimische Frischware)	Kohlsprossen (Rosenkohl), Kren (Meerrettich), Maroni, Lauch, Schwarzwurzeln, Steckrübe
Dezember (heimische Lagerware)	Chinakohl, Kartoffeln, Knoblauch, Kohl, Weiß- und Rotkraut, Kürbis, Pastinaken, Petersilienwurzeln, Rote Rüben (Rote Beete), Gelbe Rüben, Knollensellerie, Topinambur, Zwiebeln

Suppen

Rindssuppe (Bouillon)

Zutaten für 4-6 Portionen:
500 g Rindfleischknochen
Olivenöl
500 g Karotten
200 g Gelbe Rüben
1/4 Knolle Sellerie
1/2 Stange Lauch

Die Knochen in 3 EL Olivenöl anbraten, mit 1,5 l kaltem Wasser aufgießen und zugedeckt ca. 1 Stunde kochen lassen. In einer Pfanne die Lauchringe in 2 EL Olivenöl rösten, Karotten und Gelbe Rüben kurz mitbraten und zusammen mit dem Stück Sellerieknolle zur Suppe geben. Die Suppe zugedeckt eine weitere halbe Stunde leicht kochen lassen.

Energiespartipp:
Die Herdplatte (E-Herd) kann mindestens 20 Minuten vor Kochende abgeschaltet werden. Die Resthitze liefert genug Energie, um das Gemüse weich zu kochen.

Tipp:
Wählen Sie die Suppenwürze sorgsam aus. Eine gute Würze für die Vitalküche kommt ohne Hefeextrakt, Glutamat oder andere Geschmacksverstärker aus und besteht ausschließlich aus Gemüse und Kräutern. Sehen Sie sich in Reformläden um und kaufen Sie diese Würze auf Vorrat.

Grießnockerl

Zutaten für 4 Portionen:
55 g Butter
1 Ei
110 g Dinkelgrieß
Salz
Muskatnuss, gerieben

Die Butter schaumig rühren und mit den restlichen Zutaten zu einer geschmeidigen Masse vermengen.

Die Masse 15 Minuten rasten lassen. Anschließend mit 2 nassen Esslöffeln aus der Masse Nockerl ausstechen und in die kochende Suppe (oder Salzwasser) einlegen. 5 Minuten kochen, etwas kaltes Wasser zugeben (ca. 1/2 Liter) und zugedeckt 10 Minuten ziehen lassen.

Grießnockerl sind eine klassische Einlage für Rindssuppen.

Schöberl

Zutaten für 4 Portionen:
40 g Butter oder Rapsöl
3 Eigelb
3 Eiweiß
1 TL Milch
40 g Dinkelmehl
Salz

Eiweiß zu steifem Schnee schlagen. Butter, Eigelb, Milch und Mehl verrühren und den steifen Schnee vorsichtig unterheben.

Die Masse auf ein mit Backpapier belegtes Backblech rechteckig ausstreichen und im vorgeheizten Backrohr bei 220 °C 8 bis 10 Minuten backen.

Nach dem Erkalten werden die Schöberl als kleine Karos ausgeschnitten und als Einlage für klare Suppen verwendet.

Varianten:
Parmesanschöberl: 20 g Parmesan zur Grundmasse geben.
Kräuterschöberl: 2 EL frische, gehackte Kräuter zur Grundmasse beimengen, insbesondere Petersilie, Kerbel, Estragon und/oder Basilikum.

Kräutersuppe

Zutaten für 4 Portionen:

60 g Butter
60 g Dinkelmehl
1 kleine Zwiebel, fein gehackt
150-200 g Kräuter, fein gehackt
1 Msp. Kümmel, gemahlen

Butter erhitzen, Zwiebel goldgelb rösten, Dinkelmehl darüberstreuen, mit 1 Liter Wasser aufgießen, zwei Drittel der Kräuter hinzufügen und gut verkochen lassen. Die Suppe mit dem Pürierstab pürieren. Kurz vor dem Anrichten das letzte Drittel Kräuter hinzufügen, würzen.

Folgende Kräuter können verwendet werden: Kerbel, Kresse, Sauerampfer, Petersilie, Schafgarbe, Löwenzahn, Veilchen, Gänseblümchenblätter. Diese Kräuter dürfen nur im Frühling gepflückt werden, und zwar nur die zartesten Spitzen. Wer nicht selbst pflücken kann, verwendet frische Kresse aus dem Supermarkt oder vom Küchenfenster und frische oder tiefgefrorene Petersilie.

Karfiolsuppe

Zutaten für 4 Portionen:

1 Karfiol (Blumenkohl)
1 l Wasser
1-2 Suppenwürfel
1/2 TL Kümmel, gemahlen

Karfiol (Blumenkohl) in heißes Wasser legen, Suppenwürze dazugeben und zugedeckt nach dem Aufkochen ca. 10 Minuten leicht kochen lassen. Das Gemüse mit dem Kartoffelstampfer zerdrücken und mit Kümmel würzen.

Tipp:
Vor dem Servieren können 250 ml Sauermilch oder 250 g Sauerrahm (saure Sahne) eingerührt werden. Allerdings darf dann die Suppe nicht mehr aufgekocht werden!

Knoblauchsuppe

Zutaten für 4 Portionen:
4 Knoblauchzehen
3 EL Butter
4 EL Dinkelmehl
1 l Wasser oder Rindssuppe
2 Scheiben hefefreies Roggenbrot
Petersilie, fein gehackt
Salz

Knoblauch fein zerdrücken, in heißer Butter goldgelb anrösten, Dinkelmehl beifügen und unter Rühren mit kaltem Wasser aufgießen. Suppenwürfel zugeben und gut verkochen lassen.

Die Brotscheiben in schmale Streifen schneiden und in heißer Butter goldgelb rösten.

Die Suppe mit Petersilie bestreuen und die Brotstreifen dazureichen.

Krautsuppe

Zutaten für 4 Portionen:
400 g Weißkraut, fein geschnitten
80 g Selchspeck, würfelig geschnitten
100 g Zwiebel, fein gehackt
1-2 EL Olivenöl
1 Suppenwürfel
Salz, Knoblauch
Paprikapulver, edelsüß
Kümmel, Pfeffer
125 g Sauerrahm (saure Sahne)
2 EL Dinkelmehl
2 Paar Würstchen

Kraut fein schneiden, salzen und eine halbe Stunde stehen lassen. Speck mit Zwiebel in Olivenöl anrösten, Kraut ausdrücken, zur Zwiebel geben und mit 1/2 l Wasser aufgießen. Suppenwürfel hinzufügen, würzen und weich dünsten.

Rahm mit Mehl verrühren, in 1/2 l Wasser einrühren, zum Kraut geben und aufkochen lassen.

Würstchen blättrig schneiden, zur Suppe geben, kurz aufkochen lassen.

Tipp:
Mit einem Klacks Sauerrahm servieren.

Spargelcremesuppe

Zutaten für 4 Portionen:

500 g weißer (dünner) Spargel
1 EL Olivenöl
1/2 Suppenwürfel
1 Stück Würfelzucker
125 g Sauerrahm (saure Sahne)
2 EL Dinkelmehl

Spargel putzen und in grobe Stücke schneiden. Im Olivenöl kurz anbraten, mit Wasser bedeckt kochen. Einige Spargelspitzen zum Dekorieren beiseitelegen und die Suppe pürieren. Sauerrahm (saure Sahne) mit Dinkelmehl und 2 EL pürierter Suppe cremig rühren, in die Suppe geben und unter ständigem Rühren kurz aufkochen lassen.

Mit Spargelspitzen dekoriert servieren.

Tipp:

Die Suppe mit klein geschnittenem Schinken bestreuen.

Kraut-Fleisch-Suppe

Zutaten für 4 Portionen:
400 g frisches Weißkraut
250 g Rindsfaschiertes (Rinderhackfleisch)
100 g Zwiebel, fein gehackt
2-3 EL Olivenöl
1 L Wasser mit Suppenwürze
250 g Sauerrahm (saure Sahne)
3 EL Dinkelmehl
Salz, edelsüßes Paprikapulver
Gemahlener Kümmel, Pfeffer
Sauerrahm (saure Sahne) nach Belieben

Kraut grob schneiden, salzen, eine halbe Stunde stehen lassen.

Zwiebel und Fleisch in einem Topf mit Olivenöl anrösten. Kraut ausdrücken und zur Fleischmasse geben. Mit Wasser aufgießen, weich dünsten. Topf von der Herdplatte nehmen. Sauerrahm (saure Sahne) mit Dinkelmehl vorab cremig rühren, zur Suppe geben und unter ständigem Rühren aufkochen.

Nach Belieben kann noch ein Klacks Rahm (Sahne) auf die angerichtete Suppe gegeben werden.

Dinkelgrießsuppe

Zutaten für 4 Portionen:
120 g Dinkelgrieß
2 EL Olivenöl
1 l Wasser
1-2 Suppenwürfel
Salz, Pfeffer
Nach Belieben: 1 Ei

Dinkelgrieß im Olivenöl kurz unter ständigem Rühren braten, mit Wasser aufgießen, Suppenwürfel dazugeben und zugedeckt 10 Minuten kochen lassen.

Das Ei mit der Gabel in einer Tasse verquirlen und in die sprudelnd kochende Suppe unter ständigem Rühren mit dem Schneebesen einrühren. Kurz kochen lassen.

Tipp:
Die Suppe mit frischen Kräutern, wie z.B. Schnittlauch, servieren.

Karotten-Haferflocken-Suppe

Zutaten für 4 Portionen:
100 g Haferflocken
2 EL Olivenöl
300 g Karotten
1 Suppenwürfel
Salz

Die Haferflocken im Olivenöl kurz anrösten, mit 500 bis 750 ml Wasser ablöschen, Suppenwürze hinzufügen und die geschälten, klein geschnittenen Karotten weich kochen lassen.

Energiespar-Tipp:
Nach dem Aufkochen des zugegebenen Wassers die Karotten beifügen und zugedeckt bei abgeschalteter Herdplatte ca. 20 Min. weich kochen lassen.

Würzige Kürbissuppe

Zutaten für 4 Portionen:
500 g Kürbis (Stangen- oder Muskatkürbis)
Salz
20 g Butter oder Rapsöl
100 ml Wasser und Suppenwürze
1 EL Paprikapulver, edelsüß
1 EL Dillspitzen, fein gehackt
Etwas Weingeistessig
1 EL Dinkelmehl
100 ml Sauerrahm (saure Sahne)

Kürbis schälen, entkernen und raspeln oder in kleine Stücke (Würfel) schneiden. Den Kürbis im heißen Öl unter ständigem Rühren kurz anbraten, mit Suppe aufgießen und zugedeckt 5 bis 7 Minuten dünsten.

Die Gewürze einrühren, Mehl mit Sauerrahm (saurer Sahne) cremig rühren und unter das Gemüse mengen, aufkochen und abschmecken.

Kürbiscremesuppe

Zutaten für 4 Portionen:

500 g Kürbisfleisch
10 g Zwiebel
4 EL Butter
1 TL Paprikapulver, edelsüß
1 Msp. Kümmel, gemahlen
1 Suppenwürfel
1 Lorbeerblatt
Salz
Kürbiskerne
Einige EL Kürbiskernöl

Das Kürbisfleisch in grobe Würfel schneiden und die Zwiebel fein hacken. Butter in einem großen Topf erhitzen, Zwiebel glasig dünsten und den Kürbis dazugeben. Einige Minuten dünsten.

Das Kürbisfleisch mit Paprikapulver, Kümmel und Salz würzen. Mit 1 l Wasser aufgießen, Suppenwürfel und Lorbeerblatt hinzufügen und ca. 15 Minuten leicht wallend kochen.

Anschließend das Lorbeerblatt herausnehmen und die Suppe im Standmixer oder mit dem Pürierstab pürieren.

Die Suppe mit Kürbiskernen und Kernöl garniert servieren.

Karottensuppe

Zutaten für 4 Portionen:
5 EL Getreide (Haferflocken, Rollgerste, Dinkelgrieß, Polenta/Maisgrieß, Quinoa oder Amaranth)
3 EL Olivenöl
500 g Karotten
Suppenwürze

Getreide im Olivenöl anrösten. Die geschälten, klein geschnittenen Karottenstücke hinzufügen. Mit Wasser bedecken und Suppenwürze dazugeben. Zugedeckt 15 Minuten kochen lassen.

Mit fein geraspelten Karottenstreifen und Kräutern dekorieren und servieren.

Tipp:
Es ist auch eine Kombination aus den verschiedenen Getreidearten möglich. Einfach nach Lust und Laune einen Esslöffel hiervon und davon verwenden.

Buttermilchsuppe

Zutaten für 4 Portionen:
1 l Buttermilch
400 g Kartoffeln
4 EL Dinkelmehl
2 EL Rapsöl
1/2 Bund Petersilie
1/2 TL Kümmel, gemahlen
1/2 Bund Schnittlauch zum Garnieren
Salz, Pfeffer

Kartoffeln schälen, waschen, in kleine Stücke schneiden und in wenig Wasser weich dünsten.

Das Rapsöl in einem Topf erhitzen. Dinkelmehl mit 2 EL Buttermilch glatt rühren und in den Topf gemeinsam mit der Buttermilch geben. Unter ständigem Rühren heiß werden lassen. Nicht kochen! Die Kartoffeln und Gewürze beimengen. Auf Tellern anrichten und mit Schnittlauchröllchen bestreut servieren.

Brotsuppe

Zutaten für 4 Portionen:
80 g Schwarzbrot (kann auch trocken, alt sein)
20 g Butter, Raps- oder Olivenöl
800 ml Wasser
1-2 Suppenwürfel
2 EL Schnittlauch zum Bestreuen

Brot in Würfel schneiden, in Öl anrösten, mit Wasser aufgießen und zugedeckt weich kochen lassen. Suppe mit einem Mixstab pürieren, auf Tellern anrichten und mit Schnittlauchröllchen bestreut servieren.

Tipp:
2 Eier mit einer Gabel in einer Tasse verquirlen und unter ständigem Rühren in die gemixte Suppe einfließen lassen. Kurz aufkochen lassen.

Gulaschsuppe

Zutaten für 4 Portionen:
250 g Gulaschfleisch (von Rind, Schwein oder Pute), kleinwürfelig geschnitten
3-4 EL Olivenöl
2 Zwiebeln, klein gehackt
3 TL Paprikapulver, edelsüß
3 EL Essig
3 Kartoffeln
Salz
Kümmel, Majoran
1 EL Dinkelmehl

Zwiebeln im Olivenöl anrösten, Paprika untermischen und sofort mit Essig ablöschen. Fleisch dazugeben, verrühren und zugedeckt halbgar dünsten.

Kartoffeln schälen, kleinwürfelig schneiden und beimengen, eventuell mit Wasser aufgießen. Gewürze fein hacken und unter das Fleisch rühren, alles gar dünsten.

Mit Dinkelmehl stauben, mit ca. 1 l Wasser aufgießen, verrühren und einige Minuten ziehen lassen.

Kartoffelsuppe

Zutaten für 4 Portionen:
500 g Kartoffeln
5 Karotten
4 EL Olivenöl
1 l Wasser
2 Suppenwürfel
Salz, Pfeffer
Prise Muskatnuss, gerieben

Kartoffel und Karotten schälen, schneiden, in Olivenöl kurz anrösten, mit Wasser bedecken und Suppenwürze zugeben. Zugedeckt 15 Minuten kochen, mit dem Pürierstab pürieren und mit den Gewürzen abschmecken.

Varianten:
Je nach Saison können 200 g Eierschwammerl (Pfifferlinge), geröstet in 3 EL Olivenöl und mit gehackter Petersilie bestreut, der Suppe hinzugefügt werden.

Statt Petersilie kann auch mit Majoran gewürzt werden. Sparsam verwenden, sonst schmeckt man dieses Gewürz zu stark heraus.

Polentasuppe

Zutaten für 4 Portionen:

30 g Butter oder Rapsöl
30 g Polenta (Maisgrieß)
500 ml Wasser
1-2 Suppenwürfel
Etwas Schnittlauch

Polenta (Maisgrieß) in Butter oder Öl kurz anrösten und mit dem Wasser aufgießen. Unter ständigem Rühren mit einem Schneebesen aufkochen. Topf von der Herdplatte nehmen und den Grieß einige Minuten quellen lassen. Nochmal gut durchrühren.

Die Suppe mit einem Klacks Schlagobers (Schlagsahne) und etwas Schnittlauch servieren.

Tipp:
Probieren Sie einen Klacks Sauerrahm und etwas Rucola (fein geschnitten) dazu. Etwas geriebener Parmesan über die Suppe gestreut macht sich auch sehr gut. Verwenden Sie statt Maisgrieß auch mal Dinkelgrieß.

Gemüseschaumsuppe

Zutaten für 4 Portionen:
3 EL Olivenöl
Gemüse nach Wahl, Menge von der Gemüseart abhängig
1/2 l Wasser
1 Suppenwürfel

Das geputzte, geschälte und grob geschnittene Gemüse im Olivenöl kurz anbraten und mit Wasser aufgießen. Suppenwürze dazugeben und das Gemüse zugedeckt weich kochen.

Mit einem Stabmixer mixen und nach Belieben einige Esslöffel Sauerrahm (saure Sahne) oder Schlagobers (Schlagsahne) einrühren.

Varianten:
Für eine Kartoffelschaumsuppe verwenden Sie 200 g Kartoffeln. Oder Sie nehmen 300 g Zucchini und würzen nach Belieben mit Thymian. Auch lecker: 300 g Karotten, zusätzlich mit 1 TL frisch geriebenem Ingwer gewürzt.

Rote-Rüben-Schaumsuppe

Zutaten für 4 Portionen:
3 EL Olivenöl
300 g Rote Rüben (Rote Beete)
1/2 l Wasser
1 Suppenwürfel
Kümmel, gemahlen
1 TL Weingeistessig
Prise Zucker

Die geputzten und grob geschnittenen Rüben (Beeten) im Olivenöl kurz anbraten und mit Wasser aufgießen. Suppenwürze dazugeben und das Gemüse zugedeckt weich kochen. Mit Kümmel, Weingeistessig und Zucker würzen.

Mit einem Stabmixer mixen und nach Belieben einige Esslöffel Sauerrahm (saure Sahne) oder Schlagobers (Schlagsahne) einrühren.

Mit einem Klacks geriebenem Kren (Meerrettich) servieren.

Petersilienschaumsuppe

Zutaten für 4 Portionen:
3 EL Olivenöl
300 g Petersilienwurzeln
1/2 l Wasser
1 Suppenwürfel
30 g Petersilie, gezupft
Prise Muskatnuss, gerieben

Die geputzten und grob geschnittenen Petersilienwurzeln im Olivenöl kurz anbraten und mit Wasser aufgießen. Suppenwürze dazugeben und das Gemüse zugedeckt weich kochen. Petersilie erst kurz vor dem Pürieren hinzufügen.

Mit einem Stabmixer mixen und nach Belieben einige Esslöffel Sauerrahm (saure Sahne) oder Schlagobers (Schlagsahne) einrühren. Mit Muskatnuss abschmecken.

Sellerieschaumsuppe

Zutaten für 4 Portionen:
3 EL Olivenöl
300 g Knollensellerie
1/2 l Wasser
1 Suppenwürfel
Prise Muskatnuss, gerieben

Die geputzten und grob geschnittenen Selleriestücke im Olivenöl kurz anbraten und mit Wasser aufgießen. Suppenwürze dazugeben und das Gemüse zugedeckt weich kochen.

Mit einem Stabmixer mixen und nach Belieben einige Esslöffel Sauerrahm (saure Sahne) oder Schlagobers (Schlagsahne) einrühren. Mit Muskatnuss abschmecken.

Rahmsuppe

Zutaten für 4 Portionen:
500 ml Sauerrahm (saure Sahne)
500 ml Wasser
1 EL Kümmel, ganz
30 g Dinkelmehl
1 TL Weingeistessig
Salz

Gesalzenes Wasser mit Kümmel 2 Minuten kochen und dann den Topf vom Herd nehmen. Das Mehl mit dem Sauerrahm glatt rühren und in das nicht mehr kochende Wasser einrühren.

Die Suppe unter ständigem Rühren mit dem Schneebesen aufkochen, ca. 5 Minuten kochen lassen und mit Essig abschmecken.

Tipp:
Dazu passen gut geröstete Schwarzbrotcroûtons.

Salate, Snacks und Eiergerichte

1€ Küche

Chinakohlsalat

Zutaten für 4-6 Portionen:
1 Chinakohl
Etwas Kürbiskernöl
2 EL Weingeistessig
Etwas Senf

Den Chinakohl der Länge nach halbieren, den Strunk und gegebenenfalls gelbe, harte Teile entfernen. Den Rest dünn schneiden und in eine große Salatschüssel geben.

Kürbiskernöl darüberleeren. Für die Marinade 2 EL Weingeistessig mit etwas Senf verrühren, mit 4 EL Wasser aufgießen und über den Salat gießen. Gut durchmischen.

Heringssalat

Zutaten für 4 Portionen:
1 Glas Bismarckheringe
5 Kartoffeln
3 Karotten
100 g Erbsen
2 säuerliche Äpfel
1 Bund Dill, fein gehackt
1 Naturjoghurt
2 EL Senf
2 EL Majonäse

Bismarckheringe in kleine Stücke schneiden, etwas von den eingelegten Zwiebeln aus dem Glas nehmen, abtropfen lassen und fein schneiden. Kartoffeln und geschälte Karotten kochen. Kartoffeln schälen, das Gemüse auskühlen lassen und in kleine Würfel schneiden. Erbsen kurz blanchieren. Äpfel schälen und in kleine Würfel schneiden.

Joghurt mit Senf und Majonäse verrühren und über die restlichen Zutaten gießen. Alles gut durchrühren und mit fein gehacktem Dill abschmecken.

Dazu passt Schwarzbrot mit Butter oder auch Kartoffeln.

Varianten:
Erbsen mal durch eine Handvoll gekochte Linsen ersetzen. Auch ohne Fisch ist dieser Salat sehr lecker!

Eierdressing

Zutaten für 4 Portionen:

2 Eier, hart gekocht, fein gehackt oder passiert
2 EL Weingeistessig
1 Msp. Sardellenpaste
1 TL Estragonsenf
6 EL Olivenöl
1 EL Schnittlauch
Salz

Alle Zutaten bis auf die Eier und den Schnittlauch cremig rühren, zuletzt die Eier und den geschnittenen Schnittlauch untermengen und mit Salz abschmecken.

Das Eierdressing wird für Blatt- und Spargelsalate verwendet.

Caesar's Dressing

Zutaten für 4 Portionen:

2 Eigelb
1 TL Estragonsenf
2 EL Weingeistessig
6 EL Olivenöl
40 g Parmesan, gerieben
2 Sardellenfilets, gehackt
(oder 2 TL Sardellenpaste)
Salz

Alle Zutaten fein verrühren und das Dressing für knackige Blattsalate verwenden.

Rucola-Tomaten-Salat mit Granaspänen

Zutaten für 4 Portionen:
1 Handvoll Rucola
4 Tomaten
20 g Grana, in feine Späne geschnitten
Dressing nach Wahl

Rucola waschen und abtropfen lassen. Tomaten waschen und halbieren oder vierteln.

Tomaten auf dem Rucola anrichten, mit einem Dressing nach Wahl marinieren und mit den Granaspänen dekorieren.

Nudelsalat

Zutaten für 4 Portionen:
250 g Dinkelspiralen
2 EL Olivenöl
100 g Putenschinken, fein gewürfelt
1 EL Basilikum, fein gehackt
1 roter, gelber und oranger Paprika

Dinkelspiralen in kochendem Salzwasser bissfest kochen, unter kaltem Wasser abschrecken und mit Olivenöl vermischen.

Die Spiralen mit den übrigen Zutaten vermengen und mit Salz abschmecken.

Marinade:
Variante 1: 2 EL Weingeistessig, etwas Senf und 2 EL Olivenöl mit 5 EL Wasser vermischen und darübergießen.

Variante 2: 150 g Sauerrahm (saure Sahne) mit 200 g Naturjoghurt und 5 EL gehacktem Basilikum vermischen, mit Senf, Majonäse, Salz und Pfeffer abschmecken. Erst kurz vor dem Verzehr über den Salat geben, sonst saugen die Nudeln die Marinade auf.

Tipp:
Bei den Zutaten können Sie variieren: Probieren Sie statt Paprika gekochte Karotten, Petersilie und Mais (aus dem Glas), nach Belieben noch Rucola hinzufügen. Den Salat kann man auch mit Grana- oder Pecorinospänen bestreuen.

Kräuteraufstrich

Zutaten:
2 Becher Hüttenkäse
1 Pkg. Frischkäse mit Kren
1 Pkg. Frischkäse, natur
1 TL Senf
Klein geschnittene Kräuter (Schnittlauch, Petersilie, Basilikum etc.)

Alle Zutaten cremig rühren, mit Schwarzbrot servieren.

Liptauer

Zutaten:
2 Pkg. Frischkäse
2 Pkg. Topfen (Quark)
2 TL Paprikapulver, edelsüß
1 TL Senf
3 Essiggurken, klein geschnitten

Alle Zutaten cremig rühren.

Tipp:
Probieren Sie den Aufstrich auch mal mit Kapern statt Essiggurken.

Eiaufstrich

Zutaten:
3 Eier
500 g Topfen (Quark)
2 EL Majonäse
1 TL Senf
125 g Naturjoghurt
1 TL Petersilie, klein gehackt
1 TL Schnittlauch, klein geschnitten

Eier in einen Topf mit kaltem Wasser legen, auf die Herdplatte stellen und ab dem Aufkochen 5 Minuten kochen; unter fließendes kaltes Wasser stellen und einige Minuten auf diese Weise erkalten lassen.

In der Zwischenzeit Topfen (Quark), Majonäse, Senf und Naturjoghurt verrühren, mit Petersilie und Schnittlauch würzen. Die Eier schälen und in kleine Stücke schneiden, unter die Aufstrichmasse mengen und 15 Minuten durchziehen lassen. Eventuell mit Salz und Pfeffer nachwürzen.

Spiegeleier

Zutaten für 1 Portion:
2 Eier
20 g Butter oder etwas Rapsöl
Salz

Butter oder Öl in einer Pfanne erwärmen, die Eier aufschlagen und in die Pfanne gleiten lassen. Langsam erhitzen, bis das Eiweiß fest und das Eigelb gestockt ist.

Schmeckt als Beilage zu Fleisch, Schinken-Käse-Toast oder Gegrilltem, als Hauptgericht mit Spinat und Kartoffeln oder schlicht auf einem Butterbrot mit Schnittlauch bestreut.

Tipp:
Um das Zusammenfließen der Eier zu verhindern, können Sie Ringe (im Fachhandel erhältlich) verwenden.

Rühreier

Zutaten für 1 Portion:
3 Eier
4 EL Milch
Salz
20 g Butter oder etwas Rapsöl

Eier, Milch und Salz verquirlen, Butter oder Öl in einer Pfanne erhitzen und die Eiermasse einfließen lassen. Bei mäßiger Hitze mit einem Kochlöffel ständig rühren, bis die Eier stocken.

Dazu passt gut frisches Schwarzbrot, Roggenbrot oder Reiswaffeln sowie Blattsalate, insbesondere mit Kürbiskernöl mariniert.

Tipp:
Es sind verschiedenste Varianten von Rühreiern möglich: mit fein geschnittenem Schinken, mit geriebenem Käse, mit Spargelspitzen, mit Schnittlauch, mit gehackten Kräutern.

Eiernockerl mit grünem Salat

Zutaten für 4 Portionen:

Für den Teig:

400 g Dinkelmehl
60 g Butter
375 ml Milch
3 Eier
Salz

Weiters:

Olivenöl
3 Eier
2 EL Milch
Salz, Pfeffer
Kopfsalat
Dressing nach Wahl

Aus den Teigzutaten einen geschmeidigen Teig mit dem Knethaken eines Handmixers rühren. 2 l Wasser in einem großen Topf zum Kochen bringen, salzen, 1 EL Olivenöl dazugeben. Mithilfe eines Nockerlbrettes, Spätzlesiebes oder eines nassen Teelöffels Nockerl formen, in das kochende Salzwasser einlegen, kurz aufkochen und abseihen.

In eine heiße Pfanne 3 EL Olivenöl geben, die Nockerl darin schwenken und die versprudelte Eier-Milch-Mischung über die Nockerl gießen. Unter mehrmaligem Umrühren stocken lassen, gut durchmischen. Mit grünem Salat servieren.

Tipp:

Bevor die Nockerl in die Pfanne gegeben werden, noch 100 g Putenschinken anbraten; dann weiter wie oben beschrieben.

Omelett

Zutaten für 1 Portion:
3 Eier
Salz
20 g Butter oder etwas Rapsöl

Eier mit Salz in einer Schüssel gut verrühren. In einer Pfanne Butter oder Öl erhitzen, Eier einfließen lassen und mit einer Gabel ständig rühren. Sobald die Masse stockt, kann die Pfanne am Stiel angehoben, die Eiermasse zur Mitte zusammengeschlagen und auf vorgewärmte Teller gestürzt werden.

Zum Omelett passen Blattsalate hervorragend, u.a. mit Kürbiskernöl mariniert.

Varianten:
In die rohe Eiermasse können folgende Zutaten wahlweise gegeben werden:

- Feine Schinken-, Speck- oder Tomatenwürfel
- Geröstete Pilze
- Geriebener Käse
- Gehackte Kräuter
- In Butter geschwenktes, gewürztes Gemüse, wie z.B. Erbsen, Mais, Karotten, Blattspinat, Tomaten mit Basilikum

Palatschinken

Zutaten für 4 Portionen:

140 g Dinkelmehl
250 g Milch
3 Eier
Salz
Butterschmalz oder Öl

Mit einem Schneebesen Mehl, Milch und Salz verrühren. Dann die Eier einrühren. Teig 1/2 Stunde rasten lassen. Eine beschichtete, flache Pfanne erhitzen und ein wenig Öl oder Butterschmalz hineingeben und verteilen. Den Teig mit einem Schöpflöffel von der Mitte der Pfanne ausgehend (durch Schwenken der Pfanne) verteilen. Anbacken, mit einer Palette wenden und fertig backen.

Tipp:
Für eine größere Menge Palatschinken nehmen Sie 300 g Dinkelmehl, 5 Eier, 500 ml Milch und etwas Salz.

Holunderblüten-Küchlein:
Palatschinkenteig zubereiten. Holunderblüten vorsichtig waschen und abtropfen lassen, mit einer Gabel durch den Teig ziehen und in heißem Rapsöl beidseitig goldgelb backen.

Äpfel im Schlafrock:
Palatschinkenteig zubereiten. Geschälte Apfelstücke mit einer Gabel durch den Teig ziehen und ins heiße Rapsöl setzen. Beidseitig goldgelb braten.

Apfelspatzen

Zutaten für 4 Portionen:

300 g Dinkelmehl
50 g weiche Butter
2 Eier
250 ml Milch
Salz
Äpfel
1/2 TL Zimt, gemahlen

Aus Mehl, Butter, Eiern und Milch mithilfe eines Knethakens einen Nockerlteig zubereiten. In einem großen Kochtopf Salzwasser zum Kochen bringen. Den Nockerlteig durch ein Spätzlesieb oder einen Nockerlhobel ins Wasser drücken. Wallend kochen, bis alle Spätzle oben schwimmen.

Äpfel schälen, entkernen und in dünne Spalten schneiden, in etwas Wasser weich dünsten und mit Zimt bestreuen. Äpfel über die Spätzle gießen.

Gemüsegerichte

Brokkoli-Schinken-Gratin

Zutaten für 4 Portionen:
1 Brokkoli
250 g Puten- oder Toast-schinken, würfelig geschnitten
150 g Gratinkäse, geschnitten
250 g Sauerrahm (saure Sahne)
1 Ei
Basilikum, gehackt

Brokkoli in kochendes Salzwasser einlegen und 3 bis 5 Minuten leicht kochen. Die Röschen in eine feuerfeste, gebutterte (oder mit Backpapier ausgelegte) Form setzen und mit Schinken und Käse bestreuen. Den Sauerrahm (saure Sahne) mit dem Ei verquirlen und darübergießen, salzen, Kräuter dazugeben und im vorgeheizten Backrohr bei 180 °C 20 bis 25 Minuten überbacken.

Dazu können Salzkartoffeln gereicht werden.

Brokkoli-Nudeln

Zutaten für 4 Portionen:
400 g Dinkelnudeln, bissfest gekocht
1 Brokkoli
120 g Schinken
2 EL Olivenöl
250 ml Wasser und Suppenwürze
250 g Sauerrahm (saure Sahne)
2 EL Dinkelmehl

Schinken in kleine Würfel schneiden, im Olivenöl kurz anbraten, mit Wasser aufgießen und etwas Suppenwürze dazumischen. Brokkoliröschen vom Strunk schneiden und hinzufügen. Zugedeckt 5 bis 7 Minuten kochen lassen. Von der heißen Kochplatte nehmen.

Dinkelmehl mit Sauerrahm (saurer Sahne) cremig rühren und in die nicht mehr kochende Soße einrühren. Unter ständigem Rühren kurz aufkochen lassen. Dinkelnudeln portionsweise mit der Soße übergießen.

Dazu passt z.B. Grüner Salat, Gurkensalat oder Rote-Rüben-(Beete-)Salat.

Dillfisolen

Zutaten für 4 Portionen:
1 kg Fisolen (grüne Bohnen)
20 g Butter oder Rapsöl
20 g Dinkelmehl
200 ml Wasser und Suppenwürze
250 g Sauerrahm (saure Sahne)
1 EL Dillspitzen, fein gehackt
Salz, Pfeffer
1 Schuss Weingeistessig

Fisolen (grüne Bohnen) putzen, weich kochen und schräg schneiden.

Butter schmelzen, Mehl einrühren und hell rösten, mit Wasser und Suppenwürze aufgießen und unter ständigem Rühren einige Minuten kochen.

Von der heißen Herdplatte nehmen und den Rahm in die nicht mehr kochende Flüssigkeit einrühren. Unter ständigem Rühren wieder aufkochen, die gekochten Fisolen (grünen Bohnen) untermengen, Dill dazugeben und mit Salz, Pfeffer und Essig abschmecken.

Fisolengulasch

Zutaten für 4 Portionen:
1 kg Fisolen (grüne Bohnen)
20 g Butter oder Rapsöl
20 g Dinkelmehl
200 ml Wasser und Suppenwürze
250 g Sauerrahm (saure Sahne)
1 TL Paprikapulver, edelsüß
400 g Frankfurter (Wiener) oder Knackwurst, fein geschnitten
250 g gekochte, geschnittene Kartoffeln
Salz, Pfeffer
1 Schuss Weingeistessig

Wie die Dillfisolen (siehe oben) zubereiten und, wenn die Fisolen (grüne Bohnen) beigemengt werden, zusätzlich Paprikapulver, Würstchen und Kartoffeln untermischen.

Alles zusammen 4 Minuten kochen und bei Bedarf die Konsistenz mit Sauerrahm (saurer Sahne) oder Wasser regulieren. Mit Salz, Pfeffer und Essig abschmecken.

Dillsoße

Zutaten für 4 Portionen:
4 Eier, hart gekocht
1 Bund frischer Dill
300 ml Wasser
250 g Sauerrahm (saure Sahne)
3 EL Dinkelmehl
Suppenwürze
Salz

Die Eier kochen, kalt abschrecken, schälen und sehr klein schneiden. Das Wasser gemeinsam mit der Suppenwürze aufkochen, klein geschnittene Eier hinzufügen, klein gehackten Dill dazugeben und 2 bis 3 Minuten kochen lassen. Von der Herdplatte nehmen. Sauerrahm (saure Sahne) mit Dinkelmehl cremig rühren, in die nicht mehr kochende Soße einrühren und unter ständigem Rühren kurz aufkochen lassen, bis die Soße eindickt. Mit Salz abschmecken.

Dazu passen Knödel oder Kartoffeln.

Gurkensoße

Zutaten für 4 Portionen:
2-3 Gurken
2 EL Olivenöl
250 g Sauerrahm (saure Sahne)
Dill, gehackt
2 EL Dinkelmehl
Suppenwürze

Gurken schälen, in dünne Scheiben schneiden und in heißem Olivenöl kurz anbraten. Mit Wasser aufgießen, so dass die Gurken gerade bedeckt sind, Suppenwürze zugeben und zugedeckt einige Minuten weich dünsten lassen.

Dinkelmehl mit Sauerrahm (saurer Sahne) vermengen, in die nicht mehr kochende Gurkensoße einrühren und unter ständigem Rühren aufkochen lassen. Mit Dill abschmecken.

Dazu passen gekochte Kartoffeln und ein Stück abgebratene Wurst.

Kochsalat mit Erbsen

Zutaten für 4 Portionen:
800-1000 g Kochsalat
20 g Butter oder Rapsöl
20 g Dinkelmehl
250 ml Gemüsesuppe
Salz
Muskatnuss, gemahlen
100 g Erbsen, gekocht, frisch oder tiefgekühlt

Salat der Länge nach vierteln, waschen und in reichlich Salzwasser bissfest kochen. Danach sofort in Eiswasser abschrecken und auspressen.

Butter oder Öl in einem Topf erhitzen, Mehl einrühren, hell anrösten, mit heißer Suppe aufgießen und sofort unter ständigem Rühren mit einem Schneebesen aufkochen. 10 Minuten kochen. Kochsalat und Erbsen zufügen, aufkochen, würzen.

Dazu passen gekochte Kartoffeln oder Bratkartoffeln mit gebratener Wurst.

Kürbis-Kartoffel-Gemüse

Zutaten für 4 Portionen:
600 g Kürbis, geschält und geschnitten
6 große Kartoffeln, geschält und geschnitten
120 ml Rapsöl
1 TL Paprikapulver, edelsüß
1/2 TL Chilipulver
1 TL Zucker
Salz, Pfeffer
1 Lorbeerblatt
1 Msp. Majoran

Rapsöl erhitzen, Kartoffeln goldgelb rösten. Den Topf von der Herdplatte nehmen, Paprika- und Chilipulver, Zucker, Salz und Pfeffer unterrühren, Lorbeerblatt und Majoran beigeben, mit Wasser aufgießen und 5 Minuten kochen lassen. Die Kürbisstücke zugeben und 7 bis 10 Minuten kochen.

Dazu passen sehr gut Polentataler (siehe S. 79).

Karotten-Mozzarella-Wrap

Zutaten für 4 Portionen:
3 Karotten, geschält und geraspelt
Petersilie, fein gehackt
250 g Mozzarella
2 EL Senf
4 EL Naturjoghurt
50 g Eisbergsalat (oder Friséesalat)
4 Wrap-Tortillas

Die geraspelten Karotten mit der Petersilie vermengen und den gewürfelten Mozzarella dazugeben. Senf mit Joghurt verrühren. Salat in Streifen schneiden. Die Wraps mit der Karottenmischung, Senf-Joghurt-Soße und Salat quer belegen, auf beiden Seiten (links und rechts) einschlagen und von unten einrollen. In der Mitte schräg durchschneiden.

Gemüse-Wrap:
Jeder Gemüserest kann (eventuell mit etwas Schinken) hier verwendet werden. Einfach mit 2 EL Senf und 5 EL Naturjoghurt sowie Petersilie oder Basilikum vermengen, auf ein Wrap streichen, mit Salat belegen und einrollen.

Rote Linsen mit Kartoffeln

Zutaten für 4 Portionen:
200 g rote Linsen
400 ml Wasser
1 Suppenwürfel
700 g Kartoffeln

Gewaschene Linsen in Wasser geben, aufkochen, Suppenwürze zugeben und zugedeckt bei abgeschalteter Herdplatte (E-Herd) 10 Minuten weich kochen.

Dazu passen gekochte Kartoffeln hervorragend.

Varianten:
Speck-Linsen: 150 g kleinwürfelig geschnittener Speck in 2 EL Olivenöl anbraten, Linsen zufügen und mit Wasser wie oben beschrieben weich kochen.

Tipp:
Verrühren Sie 150 ml Sauerrahm (saure Sahne) mit 2 EL Dinkelmehl zu einer glatten Creme und rühren Sie dies unter die nicht mehr kochenden Linsen. Danach unter Rühren einmal aufkochen und mit Petersilie garniert servieren.

Kartoffeln

Kartoffeln sollten kühl und dunkel, aber nicht im Kühlschrank gelagert werden. Unter Lichteinwirkung entsteht giftiges Solanin: Die grünen Flecken sollen daher großflächig weggeschnitten werden.

Linsen-Bohnen-Eintopf

Zutaten für 4 Portionen:
150 g gelbe Linsen
150 g rote Bohnen
150 g magerer Schinken
1 EL Dinkelmehl
250 ml Wasser
Suppenwürze

Linsen und Bohnen mit fließendem Wasser abspülen, abtropfen lassen.

Schinken kleinwürfelig schneiden, in Olivenöl kurz rösten, Hülsenfrüchte dazugeben, mit Mehl stauben, gut verrühren und mit Wasser aufgießen. Suppenwürze zugeben, nach dem Aufkochen zugedeckt bei abgeschalteter Herdplatte (E-Herd) 10 Minuten weich dünsten.

Dazu werden Kartoffeln gereicht.

Variante:
Mit Petersilie und etwas Sauerrahm (saurer Sahne) abschmecken.

Kartoffel-Schinken-Pfanne

Zutaten für 4 Portionen:
500 g Kartoffeln, gekocht und geschält
200 g Toastschinken, fein geschnitten
250 g Sauerrahm (saure Sahne)
Kräuter
3 EL Olivenöl

Den geschnittenen Schinken in heißem Olivenöl kurz anbraten, die Kartoffeln zugeben, unter ständigem Rühren braten, den Sauerrahm einrühren und mit Kräutern abschmecken.

Dazu passt gut Rote-Rüben-(Beete-)Salat oder Grüner Salat mit Kürbiskernöl.

Kartoffelteig und Kartoffelknödel

Zutaten für 4 Portionen:
1 kg mehlige Kartoffeln
Salz
250 g Dinkelmehl
1 Ei oder 2 Eigelb
3 EL Butter
30 g Dinkelgrieß

Kartoffeln schälen, in gleichmäßige Stücke schneiden und kochen. Mit einer Kartoffelpresse oder einem Passiersieb passieren, erkalten lassen. Alle Zutaten vermengen, aus dem Teig mit bemehlten Händen Knödel formen.

Reichlich Wasser aufkochen, Knödel einlegen und 10 bis 12 Minuten leicht wallend kochen.

Tipp:
Es können auch Kartoffeln, die in der Schale gekocht wurden (auch vom Vortag!), verwendet werden. Einfach schälen, durch das Sieb drücken und weiter wie oben beschrieben vorgehen.

Varianten:
Dieser Teig ist Grundlage für viele pikante und süße Speisen und Knödel. Einige Varianten finden Sie in diesem Kochbuch:
- Schupfnudeln (S. 63)
- Gnocchi (S. 63)
- Kartoffelroulade (S. 66)
- Gefüllte Kartoffelknödel mit Grünem Salat (S. 101)

Schupfnudeln

Kartoffelteig von Seite 62 zubereiten.

Eine 1 cm dicke Rolle formen und ca. 2 cm lange Stücke abtrennen, die einzelnen Stücke zu Nudeln mit spitzen Enden formen.

Reichlich Salzwasser zum Kochen bringen und die Schupfnudeln einlegen und aufkochen. Sobald sie oben schwimmen, abseihen und sofort weiterverarbeiten oder mit kaltem Wasser abschrecken.

In einer heißen Pfanne etwas Butter oder Rapsöl erhitzen und die Schupfnudeln darin schwenken, zart bräunen, salzen und servieren.

Gnocchi

Kartoffelteig von Seite 62 zubereiten.

Eine 1 cm dicke Rolle formen und kleine Teigstücke abtrennen, die mit den Gabelzinken flach gedrückt werden.

Reichlich Salzwasser zum Kochen bringen und die Gnocchi einlegen und aufkochen. Sobald sie oben schwimmen, abseihen und sofort weiterverarbeiten oder mit kaltem Wasser abschrecken.

Varianten:
In einer heißen Pfanne etwas Butter oder Rapsöl erhitzen und die Gnocci darin schwenken, zart bräunen, salzen und servieren. Schmecken auch gut mit Basilikumpesto und geriebenem Parmesan.

Kartoffel-Blini mit Basilikumsoße und Eisberg-Mais-Salat

Zutaten für 4 Portionen:

Für die Blini:

160 g gekochte, geschälte Kartoffeln
2 Eier
20 g weiche Butter
1 Msp. geriebene Muskatnuss
Rapsöl zum Ausbacken

Für die Soße:

250 g Sauerrahm (saure Sahne)
250 g Naturjoghurt, 1 % Fett
2 EL Basilikum
1 TL Senf
1 TL Majonäse

Für den Salat:

Eisberg-, Kopf- und/oder Feldsalat
100 g Mais (aus dem Glas)
1 TL Senf
2 EL Weingeistessig
1 EL Olivenöl
Etwas Wasser
Basilikum

Für die Blini alle Zutaten in ein hohes Gefäß geben und mit dem Pürierstab gut pürieren. In einer Pfanne Rapsöl erhitzen, mit einem Teelöffel kleine Teigplätzchen ins Fett setzen und breit drücken. Auf beiden Seiten unter mehrmaligem Wenden goldbraun braten. Auf einem Teller mit Küchenpapier abtropfen lassen und zugedeckt warm halten (z.B. auf der noch heißen, aber nicht mehr benötigten Herdplatte).

Salat waschen und in kleine Teile schneiden oder reißen. Mais und Basilikum hinzufügen. Für die Marinade den Senf in ein Glas geben, Weingeistessig, Olivenöl und Wasser hinzugeben, mit einer Gabel gut verquirlen und über den Salat gießen.

Für die Soße alle Zutaten cremig rühren und mit Basilikum abschmecken.

Den Salat auf Tellern anrichten, die Blini in die Mitte setzen und mit einem Klacks Soße garnieren.

Tipp:
Kürbiskernöl passt gut zum Salat.

Kartoffelroulade

Kartoffelteig von Seite 62 zubereiten.

Arbeitsfläche mit Mehl bestauben, Teig zu einem 1 cm dicken Rechteck ausrollen, gewünschte Fülle auftragen und einrollen.

Die Rolle in Frischhaltefolie hüllen, mit Spagat an den Enden fest zusammenbinden, in der Mitte leicht abbinden.

Reichlich Salzwasser zum Kochen bringen und die Rolle einlegen. Ca. 30 Minuten leicht kochen lassen, aus dem Wasser heben und aus der Folie rollen. Vor dem Servieren in 2 cm dicke Scheiben schneiden.

Spinatfülle:
100 g gekochter Spinat mit 50 g Schafkäse vermischen.

Gemüsefülle:
100 g gekochte Karotten zerdrücken, mit Petersilie und Schnittlauch würzen.

Eierschwammerlfülle (Pfifferlinge):
200 g Eierschwammerl (Pfifferlinge) in 2 EL Butter rösten, mit Petersilie bestreuen.

Schinkenfülle:
150 g klein geschnittener Schinken mit Basilikum

Kohlauflauf mit Kartoffelhaube

Zutaten für 4 Portionen:

500 g Kohl
Salz
250 g Sauerrahm (saure Sahne)
250 ml Milch
300 g Kartoffeln
2 Eigelb
2 EL Butter
150 g Putenschinken

Backofen auf 180 °C vorheizen.

Kohl putzen, vierteln und den Strunk entfernen. Kohl quer in 1 cm breite Streifen schneiden, in reichlich Salzwasser ca. 8 Minuten kochen. Kohl abgießen, ca. 500 ml Kochsud auffangen.

Kartoffeln kochen, schälen und zerdrücken. Mit Milch und löffelweise zugegebenem Kochsud zu einer geschmeidigen Creme verarbeiten, Eigelb und Butter unterziehen. Eventuell mit etwas Suppenwürze abschmecken.

Kohl mit Sauerrahm verrühren, in eine mit Rapsöl bestrichene Auflaufform füllen, geschnittenen Putenschinken darübergeben und mit dem Kartoffelpüree abschließen.

Im Backrohr 40 bis 45 Minuten backen.

Tipp:
Verwenden Sie statt Kohl ein Karotten-Kohlrabi-Gemüse und würzen Sie es mit Petersilie.

Kartoffel-Lauch-Quiche

Zutaten für 4 Portionen:

Für den Teig:
150 g Dinkelmehl
100 g Butter
1 Ei
2 EL Wasser
Salz

Für die Fülle:
800 g Kartoffeln
120 g Putenschinken
2 EL Butter
200 g Lauch
250 g Sauerrahm (saure Sahne)
1 Ei
1 Eigelb
Salz, Pfeffer

Dinkelmehl zum Ausarbeiten

Alle Zutaten des Teiges in eine Schüssel geben, mit dem Knethaken des Mixers so lange rühren, bis sich der Teig vom Schüsselrand löst, und zugedeckt 30 Minuten rasten lassen.

In einem großem Topf 1 l Wasser gemeinsam mit den Kartoffeln zum Kochen bringen, zugedeckt bei abgeschalteter Herdplatte (E-Herd) ca. 15 bis 20 Minuten (je nach Kartoffelgröße) weich kochen. Abseihen, Kartoffeln schälen und mit dem Kartoffelstampfer zerdrücken. Kleinwürfelig geschnittenen Putenschinken in Olivenöl rundum braten, dünn geschnittenen Lauch mitrösten und die Masse zu den Kartoffeln geben. Sauerrahm (saure Sahne), Ei und Eigelb beifügen, mit Salz und Pfeffer abschmecken.

Die Hälfte des Teiges ausrollen und in eine Quiche-Form setzen (Durchmesser ca. 24 cm). Den restlichen Teig zu einer Rolle (ca. 70 cm lang) formen, in die Form am Rand einlegen und mit den Fingern am Rand hochziehen. Die Fülle hineingeben, glatt streichen und im vorgeheizten Backofen bei 180 °C 45 Minuten backen.

Tipp:
Teig am Vorabend zubereiten.

Weißkraut

Zutaten für 4 Portionen:
1 Kopf Weißkraut (ca. 700-800 g)
1 Zwiebel
2 EL Olivenöl
4 EL Paprikapulver, edelsüß
1 TL Kümmel, gemahlen
2 TL Dinkelmehl
Salz und Pfeffer

Weißkraut waschen und in 2 cm breite Streifen schneiden.

Zwiebel schälen, würfelig schneiden und in heißem Olivenöl glasig dünsten. Das Kraut dazugeben, mit Paprikapulver und Kümmel würzen, mit Mehl stauben und gut verrühren. Eventuell etwas Wasser zugeben und bei geringer Hitze weich dünsten.

Dazu werden Salzkartoffeln oder Petersilienkartoffeln gereicht.

Variante:
Krautfleisch: 250 g Rinderhackfleisch in 3 EL Olivenöl anbraten und wie oben beschrieben weiter vorgehen. Mit einem Klacks Sauerrahm (saurer Sahne) servieren.

Rotkraut

Zutaten für 4 Portionen:
1 Kopf Rotkraut (ca. 800 g)
Salz
325 ml Apfelsaft
4 EL Rapsöl
1 EL Kristallzucker
Wasser oder Suppe zum Aufgießen
150 g Äpfel, geschält, entkernt, gerieben
1 EL Preiselbeerkompott
1 TL Dinkelmehl

Rotkraut waschen und in sehr feine Streifen schneiden, mit Salz und 125 ml Apfelsaft vermengen und einige Stunden marinieren.

Rapsöl erhitzen, Zucker einrühren und mit 200 ml Apfelsaft ablöschen, Rotkraut einrühren und mit wenig Wasser begießen, zugedeckt kernig kochen.

Geriebene Äpfel mit Preiselbeeren einrühren und mitdünsten. Mehl mit etwas Wasser vermengen und einrühren.

Dazu passen gekochte Kartoffeln und z.B. Bratwürste.

Gemüseburger

Zutaten für 4 Portionen:
50 g Haferflocken
45 g Dinkelgrieß
30 g Dinkelflocken und/oder Cornflakes
30 g Karotten, geschält, fein geraspelt
10 g Zucchini, fein geraspelt
Liebstöckel, Oregano, Petersilie
1 Ei
250 ml kochendes Wasser
Rapsöl zum Ausbacken

Das kochende Wasser über die restlichen Zutaten gießen, vermengen und 15 Minuten quellen lassen. Mit befeuchteten Händen 10 bis 12 Burger formen und in heißem Rapsöl auf beiden Seiten goldgelb backen.

Tipp:
Probieren Sie Gemüseburger mit verschiedenem Gemüse aus. Sie können sämtliche Gemütereste verwenden: Karotten, Zucchini, Sellerie, Karfiol (Blumenkohl), Brokkoli etc. Wichtig ist, Ei und etwas Dinkelmehl und/oder Haferflocken und/oder Dinkelgrieß zur Bindung zu verwenden. Werden Sie erfinderisch, probieren Sie Ihre eigenen Laibchen aus! Vergessen Sie aber nicht, beim Experimentieren die Zutaten genau zu notieren, damit Sie das Gekochte jederzeit nachkochen bzw. verbessern können.

Kohlrabi in Rahmsoße

Zutaten für 4 Portionen:

800 g Kohlrabi
20 g Dinkelmehl
250 g Sauerrahm (saure Sahne)
1 Suppenwürfel
1 EL Petersilie, fein gehackt
Salz

Kohlrabi schälen und die holzigen Teile wegschneiden. Das Gemüse in kleine Spalten schneiden, in einen großen Topf geben und mit Wasser leicht bedeckt kernig kochen. Sauerrahm (saure Sahne) mit Dinkelmehl glatt rühren und in das nicht kochende Gemüse einrühren. Unter ständigem Rühren kurz aufkochen lassen. Mit Petersilie abschmecken und servieren.

Varianten:

100 g Erbsen (frisch oder tiefgekühlt) dazugeben.
150 g klein geschnittenen Speck beimengen (am Beginn kurz anbraten).
Oder mit 100 g klein geschnittenen, gekochten Karotten verfeinern.

Kräuterravioli

Zutaten für 4 Portionen:

180 g Dinkelmehl
4 Eigelb
4 TL Olivenöl
1 Bund Kräuter
50 g geriebener Mozzarella

Mehl, Eigelb und Öl verrühren und bei Bedarf löffelweise lauwarmes Wasser zugeben, bis ein geschmeidiger Teig entsteht.

Auf einer bemehlten Arbeitsfläche den Teig dünn ausrollen, Quadrate von je 6 cm Länge ausschneiden, Kräuter-Käse-Masse (Mozzarella vermengt mit den gehackten Kräutern) auf die Hälfte der Quadrate in die Mitte setzen. Ränder mit Wasser befeuchten und die Rest-Quadrate auf die Füllungen legen. Ränder fest andrücken und die Ravioli in reichlich Salzwasser ca. 7 Minuten bei mittlerer Hitze kochen.

Dazu passt Grüner Salat mit Kürbiskernöl.

Krautfleckerl

Zutaten für 4 Portionen:
300 g Dinkelfleckerl (quadratische Teigwaren, alternativ gebrochene Bandnudeln)
1-1,5 kg Weißkraut
100 g Rapsöl
50 g Rohrzucker
1 EL Weingeistessig
Salz, Pfeffer
Suppenwürze
Olivenöl

Das gewaschene Kraut in feine Streifen schneiden, zuletzt das Wiegemesser einsetzen. Öl in einem großen Topf erhitzen, den Zucker darin bräunen und mit Weingeistessig löschen. Das Kraut dazugeben, salzen, pfeffern und mit 125 ml Wasser aufgießen. Etwas Suppenwürze hinzufügen und zugedeckt 30 Minuten weich dünsten.

In einem Topf ca. 2 l Wasser zum Kochen bringen, salzen, einen Schuss Olivenöl dazugeben und die Teigwaren darin weich kochen. Danach abseihen und unter das Kraut mengen.

Dazu passt Grüner Salat oder Rote-Rüben-(Beete-)Salat.

Kürbistaler

Zutaten für 4 Portionen:
500 g Kürbis (Hokkaido)
200 g Kartoffeln
1 EL Petersilie
4 Eier
100 g Dinkelmehl
Salz
Rapsöl zum Braten

Den Kürbis schälen, entkernen und fein raspeln.

Ebenso die Kartoffeln schälen und fein raspeln. Alle Zutaten miteinander gut vermengen und mit Salz abschmecken. Kleine Taler aus der Masse formen und in heißem Rapsöl auf beiden Seiten knusprig braten.

Dazu kann Blattsalat oder Gurken-(Dill-)Salat gereicht werden.

Zucchini-Spießchen

Zutaten für 4 Portionen:

3 Zucchini
300 g Schafskäse (Feta)
2 Paprika (gelb, orange oder rot)
4 EL Olivenöl
Salz
Oregano

Zucchini waschen und in dünne Scheiben schneiden. Feta in größere Würfel schneiden, Paprika in kleine Stücke schneiden. Die 3 Zutaten abwechselnd aufspießen und in einer heißen Pfanne in Olivenöl rundum goldbraun braten.

Dazu passen Kartoffeln oder Gemüsereis.

Polenta

Zutaten für 4 Portionen:

200 g Polenta (Maisgrieß)
1 l Wasser
Salz
4 EL Mozzarella oder Butterkäse, gerieben
60 g flüssige Butter oder Rapsöl
1 Ei

Polenta (Maisgrieß) in kochendes Salzwasser geben, einkochen und ca. 20 Minuten auf heißer, bereits abgeschalteter Herdplatte (E-Herd) dünsten. Käse, Butter und Ei untermengen.

Die Masse auf ein mit Backpapier belegtes Backblech streichen und auskühlen lassen. Quadrate (ca. 4 cm x 4 cm) schneiden und bei 200 °C im vorgeheizten Backofen backen.

Gebratene Polentataler

Zutaten für 4 Portionen:
500 ml Wasser
Suppenwürze
1 EL Butter
130 g Polenta (Maisgrieß)
3 EL Parmesan, gerieben
Rapsöl zum Ausbacken

Wasser aufkochen, Suppenwürze hinzufügen und die Polenta (Maisgrieß) einrühren. Unter ständigem Rühren 3 Minuten kochen, dann den Parmesan einrühren.

Die Masse abkühlen lassen, mit befeuchteten Händen Taler formen und in heißem Rapsöl auf beiden Seiten goldgelb backen.

Diese Taler passen hervorragend zu Gemüsegerichten, Fleisch und Fisch sowie zu Gulasch.

Varianten:
In die Masse können je nach Belieben zusätzlich eingerührt werden:

- 3 EL gebratener Schinken
- 3 EL gebratener Speck
- 3 EL gehackte, geröstete Pilze
- 2 EL gemischte, gehackte Kräuter (Petersilie, Schnittlauch, Basilikum)

Spinat-Tortillas

Zutaten für 4 Portionen:
280 g Dinkelmehl
2 TL Salz
4 EL Olivenöl
60 ml Wasser
80 g gehackter Spinat

Dinkelmehl, Öl und Wasser in der Küchenmaschine mit dem Knethaken verrühren, Spinat beimengen und das Wasser löffelweise zugeben. Alle Zutaten zu einem geschmeidigen Teig verarbeiten. Den Teig 20 Minuten rasten lassen, danach nochmals durchkneten und in ca. 10 Stücke teilen.

Auf einer bemehlten Arbeitsfläche kleine Fladen dünn ausrollen. In einer Pfanne mit etwas Rapsöl auf beiden Seiten anbraten. Die fertig gebackene Tortilla soll braune Flecken haben.

Nach Belieben füllen, z.B. mit Feta-Creme:
150 g Schafskäse (Feta)
100 g Sauerrahm (saure Sahne)
50 g Naturjoghurt

Alle Zutaten cremig rühren und auf die Spinat-Tortillas streichen.

Gemüsepfanne mit Schafskäse

Zutaten für 4 Portionen:
100 g Langkornreis
200 g Wasser
Salz
2 EL Olivenöl
400 g Chinakohl
1 roter Paprika
4 Karotten
2 Tomaten
150 g fettarmer Schafskäse

Wasser zum Kochen bringen und Reis hinzufügen. Nach dem ersten Aufkochen die Kochplatte (E-Herd) abschalten und den Reis zugedeckt bissfest kochen.

Den Paprika und den Chinakohl waschen und in Streifen schneiden. Die Karotten schälen und in Streifen schneiden. Die Tomaten vierteln. Den Schafskäse in Würfel schneiden.

Olivenöl in einer Pfanne erhitzen, das Gemüse beimengen und unter ständigem Rühren braten. Mit 3 EL Wasser aufgießen und zugedeckt weich dünsten.

Kurz vor dem Servieren den Schafskäse unterrühren.

Die Gemüsepfanne gemeinsam mit dem Reis anrichten.

Gebackene Zucchiniblüten

Zutaten für 4 Portionen:

Zucchiniblüten
100 g Dinkelmehl
100 g Maisstärke
200 ml Mineralwasser
3 Eiweiß
Salz

Eiweiß mit einer Prise Salz zu steifem Schnee schlagen. Die restlichen Zutaten (bis auf die Blüten) verrühren und abschließend den Schnee unterheben.

Reichlich Rapsöl in einer Pfanne erhitzen, die Zucchiniblüten durch den Teig ziehen, abtropfen lassen, in die Pfanne legen und goldgelb backen. Auf Küchenpapier abtropfen lassen.

Dazu passen Salat und/oder Kartoffeln.

Tipp:
Durch Weglassen des Eigelbs, aber Verwendung von Stärkemehl wird der Teig besonders knusprig. Mit diesem Teig lassen sich viele andere Gemüse- oder Obstsorten backen, z.B. Brokkoli, Karfiol (Blumenkohl), Zucchinischeiben, Äpfel etc.

Fleisch, Fisch und Aufläufe

1€ Küche

Kümmelbraten mit Krautsalat

Zutaten für 4 Portionen:
1-1,5 kg Bauchfleisch
2 EL Senf
Salz, Pfeffer
2 Knoblauchzehen
3 TL Kümmel, ganz
600 g Weißkraut
15 g Salz
4 EL Weingeistessig
6 EL Rapsöl

Backofen auf 180 °C vorheizen.

Die Schwarte des Bauchfleisches mit einem Messer einschneiden, aber nicht in das Fleisch schneiden. Fleisch wenden und die Unterseite mit Senf, Salz, Pfeffer und gepresstem Knoblauch gut einreiben. Bauchfleisch wieder wenden und die Hände gut waschen. Danach die Schwarte nur salzen. (Pfeffer verhindert, dass die Schwarte knusprig wird.)

Das Fleisch in eine gebutterte Bratenform setzen, 2 TL Kümmel über die Schwarte streuen, ca. 2 cm Wasser zugießen und auf der mittleren Schiene ca. 1 Stunde braten. Danach die Hitze auf 200 °C erhöhen, mit dem Saft übergießen, eventuell etwas Wasser dazugeben und weitere 30 Minuten garen. Danach den Braten aus dem Ofen nehmen und 10 Minuten rasten lassen.

Für den Krautsalat den gewaschenen Krautkopf vom Strunk und den Außenblättern befreien und den Rest klein schneiden. Mit Salz bestreuen und mit den Händen gut durchkneten. 1 Stunde rasten lassen, leicht auspressen. Essig mit 1 TL Kümmel aufkochen, über das Kraut gießen und das Öl hinzufügen.

Krautrouladen

Zutaten für 4 Portionen:

8 große Weißkrautblätter, blanchiert
4 EL Sauerrahm (saure Sahne)
125 ml Rindssuppe oder Suppenwürfel-Suppe

Für die Fülle:

300 g Faschiertes vom Rind (Rinderhack)
5 EL Olivenöl
1 Bund Petersilie, gehackt
1 Karotte, gerieben
Salz, Pfeffer, Majoran
geriebener Kümmel

Das Faschierte (Hackfleisch) in Olivenöl anbraten und die Gewürze beigeben. Die Petersilie und die geriebene Karotte daruntermengen.

Je 2 Krautblätter übereinanderlegen, mit der Fleischmasse füllen, seitlich einschlagen und einrollen. Mit einem Küchenfaden zusammenbinden. In eine befettete Form geben und mit Rindssuppe übergießen. 20 Minuten im Ofen braten.

Mit einem Klacks Sauerrahm (saurer Sahne) servieren.

Dazu passen Petersilienkartoffeln, Kartoffelpüree (Kartoffelbrei) und Salate.

Spaghetti-Gemüse-Pfanne

Zutaten für 4 Portionen:
400 g Spaghetti
5 EL Olivenöl
150 g Champignons
1/2 Stange Lauch
2 Tomaten
1 TL Paprikapulver, edelsüß
Nach Belieben: 150 g Puten-, Hühner- oder Schweinefleisch

Spaghetti in kochendem Salzwasser bissfest kochen, abseihen und mit 2 EL Olivenöl durchmischen. Warm stellen.

Das Gemüse waschen, klein schneiden und in 3 EL Olivenöl kurz anbraten. Nach Belieben klein geschnittene Fleischstücke hinzufügen und kurz mitbraten. Zuletzt mit Paprika stauben und verrühren.

Nudeln und Gemüse gemeinsam anrichten.

Hühnerkeulen mit Rosmarinkartoffeln

Zutaten für 4 Portionen:
4 Hühnerkeulen
1 Knoblauchzehe, fein zerdrückt
5 EL Olivenöl
1 EL frischer, fein gehackter Rosmarin
Salz, Pfeffer
10-12 kleine Kartoffeln, geschält und halbiert

Den Backofen auf 220 °C vorheizen.

Die Knoblauchzehe, das Olivenöl und den Rosmarin verrühren, die Hühnerkeulen damit einreiben und in eine große Auflaufform legen. Die Kartoffeln in der restlichen Ölmischung wenden, neben die Keulen legen, salzen und alles zusammen 25 Minuten braten, bis die Schenkel knusprig und die Kartoffeln weich sind.

Dazu kann Grüner Salat, Karotten-, Sellerie- oder Rote-Rüben-(Beete-)Salat gereicht werden.

Tipp:
Achten Sie beim Kauf der Hühnerkeulen auf qualitativ hochwertige Angebotsware und frieren Sie die restlichen Keulen ein.

Brathuhn auf Gemüsebett

Zutaten für 6 Portionen:
1 Huhn
2 Stangen Lauch
8 kleine Kartoffeln
4 Salbeiblätter, fein gehackt
2 gelbe Paprika
1/2 TL Rosmarin, gehackt
1 Knoblauchzehe, gehackt
1 TL Currypulver
6 Karotten, geschält
1 kleines Stück Knollensellerie
2 EL Senf

Backofen auf 180 °C vorheizen.

Das Huhn unter fließendem Wasser innen und außen gut abspülen und mit Küchenpapier trocken tupfen. Rosmarin, Salbei und Knoblauch in den Bauch des Huhns geben.

Aus Senf, Curry, Pfeffer, Salbei und Rosmarin eine Marinade zubereiten und das Huhn damit einreiben. Etwa 30 Minuten zugedeckt im Kühlschrank stehen lassen.

Danach das Huhn salzen und in eine gebutterte Auflaufform setzen. Das Gemüse in grobe Stücke schneiden und um das Huhn herum setzen.

Huhn mit Gemüse ca. 1 Stunde braten.

Brathuhn

Zutaten für 6 Portionen:
1 Huhn
15 ml Olivenöl
Thymian, gezupft
Rotes Paprikapulver
Salz, Pfeffer
1 Knoblauchzehe, gepresst
Etwas Rosmarin
500 g kleine Kartoffeln oder Gemüse

Das Huhn mit den Gewürzen und dem Öl gut einreiben, in eine Bratfolie setzen, die Enden nach Anleitung zubinden und einige Löcher oben einstechen. Das Huhn in eine Auflaufform setzen und nach Anleitung der Bratfolie braten.

In die Auflaufform können geschälte Kartoffeln oder Gemüse gegeben werden, am besten ca. 25 Minuten vor Ende der Garzeit, dann ist alles gemeinsam fertig.

Wraps

Grundrezept für 4 Portionen:
600 g Dinkelmehl
4 TL Salz
8 EL Olivenöl
300 ml warmes Wasser

Dinkelmehl, Öl und Wasser in der Küchenmaschine mit dem Knethaken verrühren, das Wasser löffelweise zugeben. Den Teig 20 Minuten rasten lassen, danach in ca. 12 Stücke teilen. Auf einer bemehlten Arbeitsfläche kleine Fladen dünn ausrollen. In einer Pfanne mit etwas Rapsöl von beiden Seiten anbraten.

Fleisch-Schafskäse-Wraps:
500 g Faschiertes vom Rind (Rinderhack)
3 EL Olivenöl
50 g Rote Bohnen aus dem Glas
50 g Mais aus dem Glas
300 g Eisbergsalat
150 g Schafskäse (Feta)
Petersilie

Fleisch in Olivenöl anbraten, mit Salz und Pfeffer würzen. Bohnen und Mais unterrühren. Die Masse gleichmäßig quer auf die Fladen streichen, Streifen von Eisbergsalat darauf verteilen, gewürfelten Feta und Petersilie daraufstreuen, Wraps links und rechts einklappen und von unten einrollen. In der Mitte schräg durchschneiden.

Thunfisch-Wraps:
200 g Thunfisch
200 g Sauerrahm (saure Sahne)
10 g gehackte Petersilie
Je 10 g roter, gelber, grüner Paprika, klein geschnitten
Salz, Pfeffer

Alles zu einer glatten Creme verrühren, die Fladen gleichmäßig quer bestreichen, eventuell Salatblätter darauf verteilen. Die Wraps links und rechts bis knapp zur Mitte einschlagen und danach von unten einrollen. In der Mitte schräg durchschneiden.

Schinken-Käse-Wraps:

150 g Schinken, kleinwürfelig geschnitten
100 g Käse nach Belieben, in Würfeln
100 g Sauerrahm (saure Sahne)
50 g Naturjoghurt
150 g Eisbergsalat, in dünne Streifen geschnitten
Basilikum, fein gehackt

Alle Zutaten zu einer geschmeidigen Creme verrühren und quer auf die Wraps streichen. Die Wraps links und rechts bis knapp zur Mitte einschlagen und danach von unten einrollen. In der Mitte schräg durchschneiden.

Pesto-Wraps:

20 g grünes Pesto
Schinken- und Käsestreifen nach Wahl
Salatblätter

Pesto auf die Wraps streichen, mit Schinken- und/ oder Käsestreifen sowie Salatblättern quer belegen. Links und rechts bis knapp zur Mitte einschlagen und danach von unten einrollen. In der Mitte schräg durchschneiden.

Überbackene Schinken-Basilikum-Spiralen

Zutaten für 4 Portionen:
250 g Dinkelspiralen
250 g Sauerrahm (saure Sahne)
10 g Basilikum, fein gehackt
3 Eier
Salz, Pfeffer
250 g geräucherte Putenbrust, Toastschinken oder Ähnliches
150 g Gratinkäse, fein gerieben

Die Spiralen bissfest kochen. Backofen auf 150 °C vorheizen.

Sauerrahm, Eier, Basilikum, Salz und Pfeffer verrühren, Spiralen untermengen.

Eine Auflaufform mit Backpapier belegen und die Masse einfüllen, mit dem geriebenen Käse bestreuen und 20 bis 30 Minuten überbacken.

Dazu passt gut Chinakohl-Salat oder Grüner Salat.

Quiche Lorraine

Zutaten für 4 Portionen:

70 g Butter
125 g Dinkelmehl
150 g durchwachsener Speck
2 Stangen Lauch
100 g Mozzarella (oder Pizzakäse)
100 ml Milch
150 ml Schlagobers (Schlagsahne)
3 Eier
Salz, Pfeffer, Muskat

Butter, Salz, Mehl und 2 EL Wasser in einer Küchenmaschine mit dem Knethaken kneten. Den Teig 30 Minuten in einer Folie kalt stellen.

Backofen auf 180 °C vorheizen.

Lauch putzen, waschen und in feine Ringe schneiden. Speck ohne Fettzugabe knusprig braten, Lauch kurz mitbraten. Geriebenen Käse mit der Milch, der Sahne und den Eiern verrühren. Mit Salz, Pfeffer und geriebener Muskatnuss würzen.

Den Teig auf einer bemehlten Arbeitsfläche ausrollen, in eine befettete Quicheform legen, Speck-Lauch-Masse einfüllen und mit der Eiermilch übergießen.

Im Backofen bei 180 °C 30 Minuten backen.

Flammküchlein mit Schinken und Käse

Zutaten für 4 Portionen:
300 g Dinkelmehl
150 g Magertopfen (Quark)
1 Pkg. Weinsteinbackpulver
5 EL Milch
6 EL Olivenöl
Salz, Pfeffer

Für den Belag:
250 g Sauerrahm (saure Sahne)
1 Eigelb
150 g Schinken
150 g Pizzakäse (Mozzarella), gerieben
Basilikum, fein gehackt

Den Backofen auf 180 °C vorheizen.

Aus Mehl, Topfen, Backpulver, Milch und Olivenöl einen glatten Teig in der Küchenmaschine mit dem Knethaken kneten und auf einer bemehlten Arbeitsfläche zu kleinen Kreisen (ca. 10 cm Durchmesser) ausrollen.

Sauerrahm (saure Sahne) mit Eigelb verrühren, salzen, pfeffern. Den klein geschnittener Schinken und den Käse einrühren und mit Basilikum abschmecken.

Auf die Teigkreise den Belag streichen und auf mit Backpapier belegtes Backblech setzen. Im vorgeheizten Backofen bei 180 °C ca. 25 Minuten backen.

Apfel-Oliven-Flammküchlein

Zutaten für 4 Portionen:
400 g Zwiebeln
Olivenöl
1 Apfel, geschält, klein geschnitten
75 g schwarze Oliven, entkernt, gehackt
250 g Sauerrahm (saure Sahne)
1 Eigelb
Salz, Pfeffer, Majoran

Zwiebeln schälen, fein hacken und in Olivenöl anrösten. Apfel und Oliven hinzufügen und kurz mitbraten. Sauerrahm (saure Sahne) mit Eigelb verrühren, die Apfel-Oliven-Masse einrühren und mit Salz, Pfeffer und Majoran abschmecken.

Süßer Belag

Den Teig mit Sauerrahm (saurer Sahne) bestreichen und mit Apfelscheiben belegen. Nach Belieben mit Zimtzucker süßen.

Brotauflauf

Zutaten für 4 Portionen:
150 g Schinken, geröstet
500 ml Milch
Salz
1 EL Petersilie, gehackt
250 g altes, hefefreies Roggenbrot, entrindet
90 g Butter
Muskatnuss, gerieben
3 Eigelb
3 Eiweiß

Eischnee schlagen. Milch mit Salz und Petersilie vermengen, über das Brot gießen, durchmischen und 15 Minuten weich werden lassen. Die Schinkenwürfel dazugeben. Handwarme Butter schaumig rühren, Eigelb einmengen und die Brotmasse dazugeben. Schnee unterheben, Masse in eine Auflaufform füllen und im vorgeheizten Backrohr bei 180 °C Heißluft backen.

Knödel

Zutaten für 4 Portionen:
250 g Semmeln (Brötchen) oder entrindetes Brot vom Vortag
2 EL gehackte Petersilie
125 ml Milch
3 Eier
Salz
40 g Dinkelmehl

Eier und Milch verquirlen, Gebäck klein schneiden und mit der Petersilie hinzufügen. 10 Minuten quellen lassen. Mehl untermischen, dann mit befeuchteten Händen Knödel formen. In einem großen Topf Salzwasser zum Kochen bringen, die Knödel einlegen und 10 bis 12 Minuten schwach wallend kochen.

Tipp:
Da die Saugfähigkeit des Gebäcks variiert, kann es sein, dass Sie entweder mehr Milch oder mehr Mehl benötigen: Ist die Knödelmasse zu fest, so fügen Sie noch etwas Milch hinzu. Im umgekehrten Fall geben Sie etwas Mehl dazu.

Gefüllte Kartoffelknödel mit Grünem Salat

Zutaten für 4 Portionen:

Für die Knödel:
300 g Kartoffeln, am besten am Vortag gekocht und geschält
75 g Dinkelmehl
2 Eigelb
1 Prise gemahlene Muskatnuss
Salz, Pfeffer
Dinkelmehl zum Wälzen (ca. 25 g)

Für die Fülle:
1 Zwiebel
2 Knoblauchzehen
2 EL Rapsöl
2 EL Petersilie
Salz, Pfeffer
300 g faschiertes Rindfleisch (Rinderhack) oder klein geschnittener Schinken oder klein gehackte Grammeln (Grieben) oder klein geschnittenes Gemüse (z.B. Karotten, Brokkoli, Mais, Kohlrabi)

Für die Knödelfüllung Zwiebel und Knoblauchzehen schälen und fein hacken. Rapsöl in einer Pfanne erhitzen, Zwiebel und Knoblauch glasig anrösten, das Fleisch bzw. das Gemüse hinzufügen, kurz mitrösten, würzen und kalt stellen (am besten im Tiefkühlgerät).

Für die Knödelmasse die Kartoffeln klein schneiden, die restlichen Zutaten zufügen und in der Küchenmaschine mit dem Knethaken glatt rühren. Aus dem Teig eine lange Rolle formen und in 12 gleich große Stücke teilen. Jedes Stück einzeln auf der Handfläche flach drücken, Knödelfülle daraufsetzen, mit dem Teig ummanteln und zu einem Knödel formen. Zum Schluss die Knödel in Dinkelmehl wälzen.

In einem flachen, breiten Topf Wasser zum Kochen bringen, salzen. Die Knödel vorsichtig in das kochende Wasser gleiten lassen. Sobald die Knödel an der Oberfläche schwimmen, den Topf von der Herdplatte ziehen und zugedeckt noch 5 Minuten stehen lassen. Danach die Knödel aus dem Wasser heben, auf Tellern mit Schnittlauch garniert anrichten und dazu Grünen Salat reichen.

Brokkoli-Schinken-Auflauf

Zutaten für 4 Portionen:
400 g Dinkelspaghetti
500 g Brokkoli
Salz
400 g Pressschinken, Toastschinken oder Putenbrust

Überguss:
200 g Gervais-Frischkäse
250 ml Sauerrahm (saure Sahne)
2 Eier
Kräuter, Salz, Pfeffer, Muskat gerieben
100 g Emmentaler gerieben

Die Spaghetti in kochendem Salzwasser bissfest kochen und unter fließendem Wasser kurz kalt abspülen.1 EL Olivenöl unter die fertigen Spaghetti rühren.

Die Brokkoliröschen in kochendem Salzwasser bissfest kochen, kalt abschrecken.

Den klein geschnittenen Schinken in eine Schüssel geben, die Eier untermengen und mit dem Frischkäse, dem Sauerrahm (saurer Sahne) und den Gewürzen glatt rühren. Zuletzt den geriebenen Käse unterheben.

Eine Auflaufform mit Backpapier auslegen, die Spaghetti einfüllen und mit der Soße übergießen.

Tipp:
Statt Emmentaler kann auch Mozzarella verwendet werden; statt Gervais kann man auch jeden anderen Frischkäse oder Hüttenkäse (Cottage Cheese) nehmen. Setzen Sie die Spaghetti als runde „Nester" in die Form – das sieht sehr appetitlich aus. Einfach mit einer Gabel eine große Portion Spaghetti in die Form setzen und so lange drehen, bis die Spaghetti im Kreis liegen. Daneben weitere Nester setzen.

Süßspeisen, Kuchen und Desserts

1€ Küche

Marillenknödel

Zutaten für 4 Portionen:

250 g Milch
2 EL Butter
150 g Dinkelmehl
2 Eigelb
Salz
500 g Marillen (Aprikosen), entsteint
2 EL Butter
100 g Brösel (Paniermehl)

Milch mit Butter und einer Prise Salz zum Kochen bringen, das Mehl einrühren und einige Minuten weiterrühren, bis sich der Teig vom Boden löst. Auskühlen lassen, in den Teig nach und nach die Eigelbe einrühren und den Teig glatt rühren.

Aus dem Teig eine dicke Rolle formen, dicke Scheiben abschneiden und flach drücken. In die Mitte eine Marille (Aprikose) setzen und den Knödel gut mit Teig verschließen.

Die Knödel in kochendem Salzwasser ca. 5 Minuten ziehen lassen.

Die Butterbrösel (Butter schmelzen und Brösel/Paniermehl anrösten) über die Knödel streuen und angezuckert servieren.

Topfennudeln mit Mohn

Zutaten für 4 Portionen:

150 g Butter
3 Eigelb
Salz
400 g Topfen (Quark)
150 g Dinkelgrieß
150 g geriebener Mohn
Zucker zum Bestreuen nach Geschmack

Butter und Eigelb schaumig rühren, eine Prise Salz, Topfen (Quark) und Grieß einrühren. Die Masse 10 Minuten rasten lassen.

In der Zwischenzeit einen großen Topf mit Salzwasser zum Kochen bringen, mit befeuchteten Händen aus dem Teig Nudeln wälzen und in das kochende Salzwasser einlegen. Bei leicht wallendem Wasser so lange ziehen lassen, bis die Nudeln an der Oberfläche schwimmen.

Mit geriebenem Mohn und nach Geschmack mit Zucker bestreut servieren.

Blechkuchen

Für 1 Backblech:
4 Eier
120 g Rohrzucker
1/8 l 120 ml Wasser
120 ml Rapsöl
80 g geriebener Mohn
200 g Dinkelmehl

Eiweiß der 4 Eier zu steifem Schnee schlagen und beiseitestellen. Alle übrigen Zutaten inklusive der Eigelbe gut verrühren, zuletzt den Eischnee unterheben.

Auf ein mit Backpapier ausgelegtes Backblech streichen und im vorgeheizten Backofen bei 200 °C 40 bis 50 Minuten backen.

Tipp:
Mit Topfencreme (s. S. 116) oder Vanillesoße (s. S. 118) dekoriert servieren.

Mandelkuchen mit Milch

Für 1 Kuchen:
250 g geriebene Mandeln
250 g Rohrzucker
250 g Dinkelmehl
1/2 Pkg. Backpulver
1 TL Vanillezucker
250-275 ml Milch
1 EL weiche Butter

Alle Zutaten gut miteinander verrühren und in einer beliebigen Kuchenform bei 180 °C im vorgeheizten Backofen 30 bis 40 Minuten backen.

Kaiserschmarren

Zutaten für 1 Portion:
100 g Dinkelmehl
3 Eier
125 ml Milch
3 EL Rapsöl zum Backen
Staubzucker (Puderzucker) zum Bestreuen

Die Zutaten zu einem zähflüssigen Teig verrühren. In einer Pfanne das Öl erhitzen, den Teig eingießen und auf kleiner Flamme goldbraun backen. Wenden, mit zwei Gabeln in kleine Stücke zerreißen, gut durchbacken und mit Staubzucker (Puderzucker) bestreut servieren.

Dazu passt Marillenmarmelade (Aprikosenkonfitüre) oder Apfelmus (Apfelbrei).

Reisauflauf

Zutaten für 4 Portionen:
1 l Milch
Prise Salz
20 g Butter
200 g Rundkornreis
80 g Butter
4 Eier
85 g Rohrzucker
1 TL Bourbon-Vanillezucker

Tipp:
2-3 Äpfel
Zimt

Milch mit 20 g Butter aufkochen, salzen und den Reis weich kochen. Reis zur Seite stellen und überkühlen lassen. Eier trennen und Eiweiß zu Schnee schlagen. Butter, Eigelb und Zucker cremig rühren, den Reis mit dieser Mischung vermengen und den Eischnee unterheben.

Die Hälfte der Masse in eine mit Backpapier ausgekleidete Auflaufform füllen, geschälte, in Scheiben geschnittene Äpfel darauflegen, mit Zimt bestreuen und die restliche Masse darauf verteilen.

Im vorgeheizten Backofen bei 180 °C ca. 40 Minuten backen.

Tipp:
Sie können auch anderes Obst, je nach Saison, verwenden, z.B. Birnen, Beeren, Pfirsiche etc.

Topfenauflauf

Zutaten für 4 Portionen:

40 g Butter
30 g Rohrzucker
1 EL Vanillezucker
Prise Salz
7 Eier
120 g Topfen (Quark)
200 g Sauerrahm (saure Sahne)
60 g Maisstärkemehl
Staubzucker (Puderzucker) zum Bestreuen

Backofen auf 200 °C Ober-/Unterhitze vorheizen.

Eier trennen und Eiweiß zu Schnee schlagen. Butter, Zucker und Salz in einer Küchenmaschine schaumig rühren, Eigelbe nach und nach einrühren. Den Topfen (Quark) mit dem Sauerrahm (saurer Sahne) und dem Stärkemehl verrühren und unter die Buttermasse mischen. Eischnee unterheben.

Die Masse in befettete Förmchen füllen und im Backrohr ca. 15 Minuten backen.

Dazu passen gut frisches Fruchtmark und frische Früchte.

Variante als Topfenschmarren:
1 Schöpflöffel Masse in eine mit 1 EL Rapsöl befettete Pfanne setzen, auf einer Seite anbraten, mit einer Gabel zerreißen und rundum goldgelb braten. Dazu Preiselbeerkompott oder Marillenmus (Aprikosenbrei) reichen.

Grießauflauf

Zutaten für 4 Portionen:
500 ml Milch
40 g Rohrzucker
1 EL Vanillezucker
Prise Salz
40 g Butter
180 g Dinkelgrieß
2 Eigelb

Backrohr auf 200 °C Ober-/Unterhitze vorheizen.

Milch mit Zucker, Salz und Butter aufkochen, Dinkelgrieß unter ständigem Rühren mit dem Schneebesen beigeben und quellen lassen. Von der Herdplatte nehmen, kurz überkühlen lassen und die Eigelbe einrühren. Die Masse in einer Schüssel zugedeckt mehrere Stunden (am besten über Nacht) rasten lassen.

Die Masse in befettete Förmchen füllen und im Rohr ca. 15 Minuten backen.

Dazu passt gut frisches Fruchtmark.

Tipp:
Kann abends für den nächsten Tag zubereitet werden und ist dann eine rasche Mahlzeit!

Variante:
Die Masse für Grießschmarren verwenden: In einer Pfanne 1 EL Rapsöl erhitzen, 1 Schöpflöffel voll Masse in die Pfanne setzen, anbraten, mit einer Gabel in Stücke zerreißen und beidseits goldbraun braten. Dazu passt z.B. Kirschenkompott.

Obsttorte

Für 1 Torte:

Für den Tortenboden:

3 Eier
3 EL Wasser
100 g Rohrzucker
125 g Dinkelmehl
1/2 Pkg. Backpulver

Für den Belag:

1 Pkg. Quimic (oder 250 g Schlagsahne, geschlagen)
500 g Topfen (Quark)
200 g Vanillejoghurt (2 Becher)
Obst nach Wahl
Tortengelee

Eier trennen und Eiweiß zu Schnee schlagen. Die restlichen Zutaten inklusive der Eigelbe cremig rühren, dann den Schnee unterheben. Im vorgeheizten Backofen bei 175 °C 15 Minuten backen.

Die Zutaten für den Belag zu einer geschmeidigen Creme rühren und auf den erkalteten Boden streichen.

Obst klein schneiden (z.B. Marillen (Aprikosen), Nektarinen, Pfirsiche) bzw. Beeren (Himbeeren, Brombeeren, Erdbeeren, Stachelbeeren) auf die Creme legen, zuletzt das rote Tortengelee nach Packungsanleitung zubereiten, über die Creme gießen und nach dem Erkalten servieren.

Tipp zur Cremeherstellung:

Verwenden Sie entweder 1 Pkg. Quimic oder 1 Becher steif geschlagenes Schlagobers (Schlagsahne). Hinzufügen können Sie, was Ihnen schmeckt bzw. was der Kühlschrank hergibt: Vanillejoghurt süßt auf angenehme Weise. Topfen (Quark) vergrößert die feste Masse.

Erdbeertorte

Für 1 Torte:

Für den Tortenboden:

6 Eier
6 EL Wasser
200 g Rohrzucker
2 Pkg. Bourbon-Vanillezucker
250 g Dinkelmehl
1 Pkg. Weinsteinbackpulver

Für die Creme:

500 g Erdbeeren
2 Quimic bzw. 500 g Topfen (Quark)
360 g Vanillejoghurt
500 Schlagobers (Schlagsahne)
Tortengelee

Für den Tortenboden die Eier trennen und Eiweiß zu steifem Schnee schlagen und beiseitestellen. In einer Rührschüssel Eigelb, Zucker und Mehl mit 6 EL handwarmen Wasser cremig rühren, Vanillezucker und Backpulver einrühren. Vorsichtig den Eischnee unterheben und in eine befettete Tortenform füllen.

Im vorgeheizten Backofen bei 175 °C 25 Minuten backen.

Für die Creme das Schlagobers (Schlagsahne) steif schlagen, in einer zweiten Schüssel Quimic bzw. Topfen (Quark) cremig glatt rühren, zuletzt alles mit dem Vanillejoghurt vorsichtig vermischen.

Nun gibt es zwei Möglichkeiten: Entweder eine Tortenform mit Erdbeeren auslegen, rotes Tortengelee nach Packungsanleitung zubereiten und über die Erdbeeren gießen. Dann die Creme einfüllen und zuletzt den Tortenboden draufsetzen (also verkehrt herum schichten). Oder Sie beginnen wie gewohnt mit dem Tortenboden, streichen die Creme darüber, legen die Erdbeeren darauf und gießen zuletzt das Gelee darüber.

Topfencreme im Apfel

Zutaten für 4 Portionen:
4 rote Äpfel
500 g Magertopfen (Quark)
250 g Naturjoghurt, 1 % Fett
180 g Vanillejoghurt

Die Zutaten cremig rühren, die Äpfel waschen und von oben innen aushöhlen. Das Fruchtfleisch klein schneiden und unter die Topfenmasse mengen. Äpfel damit füllen.

Tipp:
Probieren Sie die Creme mit anderem Obst, je nach Saison!

Vanillesoße mit Fruchtspießchen

Zutaten für 4 Portionen:

250 ml Milch
250 ml Schlagobers (Schlagsahne)
100 g Rohrzucker
20 g Vanillepuddingpulver
2 Eigelb
Früchte nach Wahl für die Spießchen

Milch mit Schlagobers (Sahne) verrühren, davon ca. ein Drittel mit Puddingpulver und Eigelb verrühren. Die restlichen zwei Drittel mit Zucker unter ständigem Rühren mit dem Schneebesen aufkochen. Die Puddingpulver-Milch-Mischung sofort in die kochende Milch-Mischung gießen und bei mäßiger Hitze unter ständigem Rühren mit dem Schneebesen ca. 2 Minuten kochen.

Dazu passen sehr gut Spießchen, die mit Früchten der Saison bestückt werden.

Tanja Braune

Ruck-zuck-Gemüseküche
120 saisonale Gemüserezepte:
marktfrisch & klimafreundlich

128 Seiten, farbig,
Softcover mit Klappen
ISBN 978-3-7088-0504-7
EUR 14,95

Christiane Holler

Liköre, Säfte & Co.
Hausgemachtes und
Heilendes aus Blüten,
Früchten und Kräutern

120 Seiten, farbig, Hardcover
ISBN 978-3-7088-0512-2
EUR 14,95

www.kneippverlag.com

Johann Pabst /
Christine Dobretsberger

Das Beste aus der schnellen Vitalküche
80 gesunde Blitzrezepte
in 10 - 30 Minuten

132 Seiten, farbig, Hardcover
ISBN 978-3-7088-0509-2
EUR 14,95

Ingrid Kiefer

Dampfgaren
Modernes Kochen
für die ganze Familie

128 Seiten, farbig,
Taschenbuch
ISBN 978-3-7088-0524-5
EUR 12,95